雪域高原上的山东教育之光

——写在全国对口援藏30周年之际

本书编写组 · 编

山东教育出版社

·济南·

图书在版编目（CIP）数据

雪域高原上的山东教育之光：写在全国对口援藏30
周年之际 / 本书编写组编. --济南：山东教育出版社，
2024．12． -- ISBN 978-7-5701-3294-2

Ⅰ．G527.75

中国国家版本馆 CIP 数据核字第 2024CH5198 号

责任编辑：李　红　周易之
责任校对：刘　园
封面设计：闫　姝

XUE YU GAOYUAN SHANG DE SHANDONG JIAOYU ZHI GUANG: XIE ZAI QUAN GUO DUIKOU YUAN ZANG 30 ZHOUNIAN ZHI JI

雪域高原上的山东教育之光：写在全国对口援藏30周年之际
本书编写组编

主管单位：山东出版传媒股份有限公司
出版发行：山东教育出版社
　　　　　地址：济南市市中区二环南路 2066 号 4 区 1 号　　邮编：250003
　　　　　电话：（0531）82092660　　　网址：www.sjs.com.cn
印　　刷：济南鲁艺彩印有限公司
版　　次：2024 年 12 月第 1 版
印　　次：2024 年 12 月第 1 次印刷
开　　本：710 毫米 ×1000 毫米　1/16
印　　张：18
字　　数：245 千
定　　价：88.00 元

（如印装质量有问题，请与印刷厂联系调换）印厂电话：0531-88665353

序

西藏作为我国重要的国家安全屏障、生态安全屏障，一直备受党中央高度重视。党的十八大以来，习近平总书记对西藏工作、援藏工作作出重要论述，为西藏长治久安和高质量发展指明了方向。山东始终将援藏工作作为重要政治任务，尤其是全国对口援藏工作开展以来，山东援藏工作始终深入贯彻中央有关决策，认真落实鲁藏两省区党委政府工作部署，聚焦"四件大事"，谋划开展"六个援藏"，在民族交往交流交融、民生改善、产业协作、智力支持、经贸合作和生态保护等方面支持日喀则全面发展，推动山东援藏工作持续走在全国前列、发挥示范引领作用。

几十年来，一批又一批山东援藏人秉承"援藏先援教，发展先育人"的援藏理念，扛牢山东大省担当，立足"立德树人"根本任务，紧扣"铸牢中华民族共同体意识"工作主线，接续奋斗，支持受援地办学条件、师资队伍、教育质量、育人效果各方面提升，助力西藏教育事业取得全方位进步、历史性成就。

今年是全国对口援藏30周年。在有关部门和同志的支持下，山东省第十批援藏干部人才主动作为，系统梳理山东教育援藏历程，编纂了《雪域高原上的山东教育之光》一书。本书很好地记录和宣传了山东援藏在教育方面的成果，书中所体现出历批援藏教师的"老西藏精神"，对激励援藏后来人、增进鲁藏两地人民互相深入了解有着积极作用，也是铸牢中华民族共同体意识的生动写照。

陈耕

目录

105

第四篇　辐射引领，助力打造受援地师资队伍

143

第五篇　内地办学，携手培育民族团结格桑花

183

第六篇　接续奋斗，共推西藏教育高质量发展

第一篇
改变藏区面貌，根本要靠教育

教育是国家繁荣的基石，教育兴则国家兴，教育强则国家强。自党的十八大以来，以习近平同志为核心的党中央始终将教育工作置于战略高度，对教育工作作出了一系列重要论述，为建设教育强国指明了方向。西藏作为边疆民族地区，其教育发展水平与内地兄弟省市相比尚存差距。在中央第六次西藏工作座谈会上，习近平总书记指出，"改变藏区面貌，根本要靠教育"。推进西藏教育高质量发展，必须以习近平总书记重要论述为指导，加强党对教育工作的全面领导，落实立德树人根本任务，提高教育教学水平，办好人民满意的教育，促进各族师生交往交流交融，为推动新时代西藏长治久安和高质量发展提供源源不断的人才支撑和智力保障。

一、中央关心西藏，全国支援西藏

（一）西藏概况①

西藏自治区地处中国的西南边疆，内与新疆、青海、四川、云南相邻，外与缅甸、印度、不丹、尼泊尔等国及克什米尔地区接壤，自治区内国境线长达 4000 多千米，是重要的国家安全屏障和生态安全屏障，战略地位十分重要。西藏自治区总面积 120.28 万平方千米，约占全国总面积的八分之一，仅次于新疆，在全国各省、自治区、直辖市中列第二位。现辖 6 个市（拉萨市、日喀则市、山南市、林芝市、昌都市、那曲市）、1 个地区（阿里地区），有 74 个县（区），首府拉萨市。

西藏自古以来就是中国不可分割的一部分。1951 年 5 月 23 日，中央人民政府和西藏地方政府的代表就西藏和平解放的一系列问题达成协议，签订了《中央人民政府和西藏地方政府关于和平解放西藏办法的协议》，宣告西藏和平解放。1959 年 3 月，中央顺应西藏人民的意志，进行了民主改革，西藏百万农奴翻身当家做了主人。1965 年 9 月，西藏自治区第一届人民代表大会第一次会议成功召开，西藏自治区宣告成立。

2021 年底西藏自治区全区常住人口为 366 万人，除藏、汉两族外，还有回族、门巴族、珞巴族、纳西族等。藏族人口占总人口 90% 左右，汉族占 8% 左右，其他少数民族占 2% 左右。

西藏地处青藏高原，平均海拔 4000 米，气候复杂多样，太阳辐射强，气温较低，温差大，空气稀薄，气压低，氧气含量较少。西藏地域

---

① 内容参考西藏自治区人民政府网站。

辽阔，物产丰富，动植物资源品种繁多，其中国家一级重点保护野生动物有 65 种，活立木蓄积量居全国第一；矿产资源有很大潜力，铬、铜、云母、刚玉等矿藏储量居全国前列；水能资源、太阳能资源、风力资源都有着广阔的开发前景。

（二）全国援藏概况[①]

党中央历来高度重视西藏工作，亲切关怀西藏人民，团结带领西藏各族人民在雪域高原进行了最广泛、最深刻、最生动、最伟大的实践。几十年来，党中央高瞻远瞩，运筹帷幄，为西藏制定了一系列特殊政策和灵活措施，在"世界屋脊"创造了人间奇迹，完成了一个又一个伟大创举，实现了西藏社会制度的历史性跨越，开创了西藏社会主义建设事业的新局面，促进了西藏从加快发展走向跨越式发展，从基本稳定走向长治久安。

从 1980 年至今，中央先后召开七次西藏工作座谈会，从西藏实际出发，制定和实施了一系列特殊扶持政策，为西藏的长足发展和长治久安注入了强大动力。这些政策是做好新时期西藏工作的重要法宝，具有里程碑的重要意义。特别是 1994 年 7 月召开的第三次西藏工作座谈会，党中央首次提出"一个中心、两件大事、三个确保"，作出中央各部门和 15 个省市[②]"对口援藏、分片负责、定期轮换"的重大决策，开创了全国支援西藏的新局面。

进入新时代，以习近平同志为核心的党中央，着眼党和国家战略全局，提出了"治国必治边、治边先稳藏"的重大战略思想和"努力实现西藏持续稳定、长期稳定、全面稳定"的重要指示，明确了"依法治藏、富民兴藏、长期建藏、凝聚人心、夯实基础"的西藏工作重要原则，为

---

① 部分内容参考央广网。
② 15 个省市对口支援西藏，后调整增加至 17 个省市对口支援西藏。

西藏明确了"稳定、发展、生态、强边"四件大事，为新时代西藏工作指明了前进方向、提供了根本遵循，开辟了我们党治藏方略的新纪元，开创了西藏工作新的里程碑。

从 1965 年西藏自治区成立至今，西藏在祖国大家庭里前途光明，祖国为西藏的发展插上了腾飞的翅膀。西藏在每一个历史时期取得的辉煌成就，无不凝聚着党中央、国务院的亲切关怀，无不凝结着全国人民的无私援助。

（三）山东援藏概况

山东省委、省政府坚决扛牢对口援藏政治责任，倾山东所能、急受援地所需，一批批干部人才离家乡、奔雪域，与各族群众并肩谋幸福、同心谋复兴。对口支援西藏工作开展以来，山东省是对口支援日喀则市的四省（市）之一，山东省直对口日喀则市直，济南市、青岛市、淄博市、烟台市和潍坊市分别对口支援日喀则市白朗县、桑珠孜区、昂仁县、聂拉木县和南木林县 5 县（区）。山东省对口支援的 5 县（区）人口约占日喀则全市总人口的 45%。

山东省委、省政府每年召开省对口支援和东西部协作领导小组会议，研究援藏重大事项，省领导同志每年到日喀则市检查指导援藏工作，推动援藏重点任务落实落地。同时，济南、青岛、淄博、烟台、潍坊 5 市市委、政府和省直各部门党组（党委）落实党中央工作部署和省委、省政府工作安排，结合各自实际，有序推进对口支援工作。各群团组织、社会组织、企业积极投入援藏工作当中，形成了强大的对口支援合力，为日喀则市的经济社会发展提供了有力支持和帮助。

对口援藏这 30 年间，山东向日喀则市先后派出 10 批 647 名干部人才，他们不仅牢记党中央的殷切嘱托，还接过领导干部的楷模——山东援藏干部孔繁森的旗帜，把日喀则作为第二故乡，努力架起党中央和群众的连心桥，做党的政策的落实者、西藏各族群众的贴心人。他们践行新时代党的治藏方略，聚焦稳定、发展、生态、强边"四件大事"，推进"三交（交往、交流、交融）"援藏、民生援藏、产业援藏、智力援藏、经贸援藏、生态援藏"六个援藏"，助力打赢脱贫攻坚战，谱写了一曲鲁藏携手奋进新征程的时代新歌。

二、支持西藏发展，教育援藏先行

（一）全国教育援藏概况

党和国家历来高度重视教育在西藏发展中的战略地位和作用，2010年1月，中央第五次西藏工作座谈会确定了"援藏先援教，发展先育人"的援藏工作思路，明确了支持西藏教育改革发展的重大政策举措。2015年8月，中央第六次西藏工作座谈会提出"要加大教育援藏力度，重点加强以数理化学科为主的内地教师进藏支教"。习近平总书记在中央第六次西藏工作座谈会上指出，"改变藏区面貌，根本要靠教育"，并强调西藏要把社会主义核心价值观教育融入各级各类学校课程，推广国家通用语言文字，努力培养爱党爱国的社会主义建设者和接班人。为新时代西藏教育发展和教育援藏工作指明了前进方向。

教育系统立足党和国家工作全局，深入贯彻落实习近平总书记关于教育工作、西藏工作的重要指示和新时代党的治藏方略，把教育援藏工作作为一项重大政治任务，扎实推进教育援藏工作，助力西藏教育事业发展水平全面提升。党的十八大以来，中央和各地有针对性地推进教育援藏，经历了由单一学段到全学段、由个人支援到组团支援、由顶岗上课到示范引领的重要变化，为西藏经济社会持续健康发展作出了重要贡献。

2023 年 8 月 7 日，教育对口支援西藏工作会议在拉萨召开。教育部党组书记、部长怀进鹏，自治区党委书记王君正出席并讲话。山东省委教育工委常务副书记、省教育厅党组书记、厅长李明参加会议并作发言

2023 年 8 月，教育对口支援西藏工作会议在拉萨召开。教育部党组书记、部长怀进鹏在会上指出，中央第七次西藏工作座谈会以来，各支援省市、高校坚决扛起政治责任，全面服务西藏所需，促进办学条件和教育质量同步提升，办学理念、办学能力、师资队伍水平、育人效果显著提高，教育援藏工作取得显著成效。怀进鹏强调，要进一步提高站位，深刻认识教育援藏是铸牢中华民族共同体意识、促进民族团结进步的重大战略，是服务西藏高质量发展、促进共同富裕的基础工程，是更好维护西藏长治久安、国家安全稳定的重要基础，是全面提升西藏教育发展水平、建设教育强国的必然要求，高质量推进教育援藏工作。

（二）日喀则市教育概况[①]

日喀则市位于西藏西南部，面积 17.924 万平方千米，平均海拔在 4000 米以上，下辖 1 个区和 17 个县。日喀则市是一个以藏族为主体的

[①] 内容参考日喀则市人民政府网站和日喀则市教育局网站。

少数民族地区，还有汉、回、蒙古、土、满、苗、壮等几十个民族。第七次全国人口普查数据显示，2020年全市常住人口为79.8万人。

近年来，日喀则市教育事业取得了长足发展，实现村有幼儿园，乡镇有寄宿制小学，县区有初级中学，市和人口大县有高级中学，不断改善基层学校办学条件，落实农牧民子女上学优惠政策，做到了学前到高中15年公费教育，包吃、包住、包学费，构建起了较为完备的教育体系。截至2023年底，日喀则市共有各级各类学校1045所，其中：中职学校2所，十二年一贯制学校1所，高级中学9所，初级中学24所，小学229所，特殊学校1所，幼儿园779所。学校在校生19万人，在职教工2万人。小学学龄儿童净入学率100%，初中毛入学率109.9%，高中阶段毛入学率91.6%。

（三）山东全面扛牢教育援藏责任

山东省委、省政府高度重视教育援藏工作，坚决履行党中央赋予的支援西藏教育发展的重大使命、政治责任和教育担当。自20世纪70年代起，特别是对口援藏战略和党的十八大以来，山东省深入学习贯彻中央有关决策和会议精神，认真落实鲁藏两地党委、政府工作部署，秉承"援藏先援教，发展先育人"的援藏理念，立足"立德树人"，紧抓"铸牢中华民族共同体意识"主线，应西藏所需、尽山东所能，坚持将不低于30%的援藏资金投入教育领域，确保日喀则教育发展。迄今为止，山东已累计选派23批次、共计669名优秀教师远赴高原支教，全力助推受援地办学条件、师资队伍、教育质量、育人效果各方面提升，为当地经济社会发展提供了重要支撑。

2021年7月，山东省人民政府党组成员、副省长（时任山东省委教育工委常务副书记、省教育厅党组书记、厅长）邓云锋（右一）视察日喀则市雷贵村幼儿园，看望幼儿园员工

2023年8月7日，山东省委教育工委常务副书记，省教育厅党组书记李明到西藏自治区日喀则市调研教育援藏工作，看望山东援藏教师

2023 年 9 月 14 日，山东省第十批援藏干部人才领队，西藏自治区日喀则市委副书记、常务副市长陈耕为山东援建的日喀则市齐鲁高级中学获自治区示范高中学校揭牌

三、山东教育援藏历程

（一）早期支援那曲、日喀则阶段

山东省积极响应国家号召，持续派遣援藏教学队伍前往西藏工作。为落实 1976 年 4 月国务院印发的《关于由山东、湖北省支援西藏师资的通知》，山东省于 1976 至 1980 年共派出 2 批援藏教学队支援西藏那曲地区。1980 年 3 月，中央召开了第一次西藏工作座谈会，根据中央部署，山东省于 1980 至 1992 年共派出 6 批援藏教学队支援西藏日喀则地区。

（二）对口支援日喀则阶段

1994年7月，中央召开了第三次西藏工作座谈会，作出了全国对口支援西藏的重大决策，确定山东省对口支援西藏日喀则地区，将教育援藏作为对口支援西藏工作的重要组成部分。山东在资金、人才等各方面支持受援地改善办学条件、建设教师队伍等，教育援藏进入了新阶段。

对口援藏工作开展以来，山东重点投资支持日喀则市第一高级中学、对口县（区）中小学和职校楼宇及场所建设改造，投资建设了日喀则市齐鲁幼儿园等学校，全面改善日喀则地区办学条件。1995至2007年，山东共派出7批援藏教学队，纳入援藏干部人才统一选派，支援西藏日喀则地区。2007年，日喀则地区"两基"①攻坚任务顺利完成，师资短缺的情况也得到了很大的改善，经两地协商，决定2009至2012年暂停选派援藏教师。2012年11月，教育部等五部门印发《边远贫困地区、边疆民族地区和革命老区人才支持计划教师专项计划实施方案》（教民函〔2012〕6号），应西藏自治区的请求，根据"'三区'人才支持计划"，2013至2016年，山东又选派3批援藏教师赴西藏日喀则地区（2014年设立地级日喀则市）支教。

（三）"组团式"支援日喀则阶段

2015年8月，中央召开了第六次西藏工作座谈会，会上明确提出每年选派基础教育阶段若干名教师进藏支教，并组织西藏教师到内地培训的工作思路。同年12月，教育部等4部门印发《"组团式"教育人才援

---

① 两基，指基本普及九年义务教育和基本扫除青壮年文盲。

藏工作实施方案》（教民函〔2015〕8号），对新时代教育援藏做了规划部署。

根据中央部署和对口支援西藏工作安排，2015年以来，山东省投入财政资金近9亿元支持日喀则教育发展，先后援建了日喀则市齐鲁小学、齐鲁高级中学、青岛小学、潍坊小学、青少年科学院等多所学校，日喀则市和对口县（区）教育基础设施不断完善。自2016年起，山东省陆续派出多批"组团式"教育人才和"万名教师支教计划"援藏教师，主要支援西藏日喀则市第一高级中学、第二高级中学和白朗县中学等学校。同时，每年从日喀则选派15名左右骨干教师和教育管理干部，到山东省进行为期1年的集中培训和跟岗锻炼。

第二篇
不负重托，近七百名援藏教师支教高原

西藏作为祖国的边疆地区，历来备受中央政府的高度重视和关心。1952 年 10 月 8 日，毛泽东同志在接见西藏自治区代表团的谈话中指出，"西藏地方大、人口少，人口需要发展……还有经济和文化也需要发展"。改革开放后，党中央先后七次召开西藏工作座谈会，就西藏工作进行专门研究和部署，其中教育工作被置于尤为突出的位置。在党中央的关心支持下，国家部委、有关省市、高校科研院所积极落实相关会议要求和精神，根据西藏实际需要，制定并实施了一系列精准对口援助政策，在人力、物力、财力上给予了特殊的照顾和有力的支持。

在中央关心、全国支援下，西藏教育在短短数十年间实现了跨越上千年的飞跃式发展，如今已步入高质量发展新阶段，教育援藏事业从探索走向深化，取得了巨大的历史成就。一批又一批山东援藏人带着"援藏先援教"的理念，接续奋斗，夯实教育"硬件"，优化教学"软件"，为彻底改变藏区教育质量滞后的局面作出了巨大贡献。

一、五段接续，奔赴使命

（一）1976—1980 年支援西藏那曲地区

根据 1976 年 4 月国务院印发的《关于由山东、湖北省支援西藏师资的通知》，山东省革命委员会教育局（1979 年更名为山东省教育厅）

1976 年 6 月，山东省首批援藏教师进藏前，在北京天安门前留影

1976 年，山东省青岛市教育局欢送援藏教师赴藏

1980 年 8 月，山东省济南市政府领导接见凯旋的第二批援藏教师

于 1976 和 1978 年，分别派出第 1 批和第 2 批援藏教学队，共计 90 名教师支援西藏那曲地区，每批支教 2 年。

（二）1980—1992 年支援西藏日喀则地区

1980 年 3 月，中央召开第一次西藏工作座谈会，根据中央和山东省的统一部署，山东省教育厅（1988 年更名为山东省教育委员会）分别于

1982 年 7 月，西藏日喀则地区行署教育局领导与即将离藏的山东省第三批援藏教师全体同志合影

第二篇　不负重托，近七百名援藏教师支教高原

1984年8月，山东省有关部门领导欢迎第四批援藏教师凯旋

1990年7月，山东省教育委员会领导欢迎第五批援藏教师凯旋

1980 年、1982 年、1988 年和 1990 年派出第 3 至 6 批援藏教学队，共计 188 名教师支援西藏日喀则地区，每批支教 2 年。

（三）1995—2012 年对口支援日喀则地区

1994 年 7 月，中央召开第三次西藏工作座谈会，作出了全国对口支援西藏的重大决策。从 1995 年至 2007 年，山东陆续派出第 7 至 13 批援藏教学队，共计 152 名教师，纳入援藏干部人才统一管理，支援西藏日喀则地区，每批支教 2 年。2007 年，日喀则地区"两基"攻坚任务顺利完成，师资短缺的情况也得到了极大的改善，经鲁藏两地协商，决定 2009 至 2012 年暂停选派援藏教师。

1995 年 8 月，对口支援以来第一批（总第七批）援藏教师进藏前合影

1999 年 7 月，山东省教育厅领导欢迎第八批援藏教师归来时合影

1999 年 8 月，山东省教育厅领导为第九批援藏教师送行时合影

2001 年 8 月，山东省教育厅领导为第十批援藏教师送行时合影

2005 年 7 月，山东省教育厅举行欢迎第十一批援藏教师归来座谈会

2005 年 8 月，山东省教育厅领导为第十二批援藏教师送行时合影

（四）2013—2016 年"三区"人才支持计划

2012 年 11 月，教育部等 5 部门印发《边远贫困地区、边疆民族地区和革命老区人才支持计划教师专项计划实施方案》（教民〔2012〕6号），应西藏自治区的请求，自 2013 年至 2016 年山东省选派三批"三区"人才支持计划援藏教师共计 30 人，赴西藏日喀则地区（2014 年设立地级日喀则市）支教，每批支教 1 年。

山东省新一轮第一批（总第十四批）援藏教师合影

（五）2016 年至今"组团式"教育人才援藏

为落实 2015 年 12 月教育部等 4 部门印发的《"组团式"教育人才援藏工作实施方案》（教民函〔2015〕8 号），自 2016 年 7 月起，山东省派出多批"组团式"教育人才，对口支援西藏日喀则市第一高级中学、第二高级中学和齐鲁高级中学等。2018 年至 2021 年，山东省还落实"万名教师支教计划"，派出 2 批共 40 人支援日喀则市白朗县中学。

2018 年 5 月，时任山东省委书记刘家义一行慰问山东首批 50 名"组团式"援藏教师并合影留念

2022 年 7 月，新一批教育人才"组团式"援藏工作队期满总结座谈会

2022 年 8 月，第三批"组团式"援藏教育人才入藏时合影，受援学校为日喀则市第一高级中学和日喀则市齐鲁高级中学

表 1 山东历年选派援藏教师统计表

序号	批次	派出时间（年）	人数	支教年限	受援地（学校）
1	第一批	1976—1978	45	2	那曲有关学校
2	第二批	1978—1980	45	2	
3	第三批	1980—1982	71	2	日喀则有关学校
4	第四批	1982—1984	46	2	
5	第五批	1988—1990	41	2	
6	第六批	1990—1992	30	2	

序号	批次	派出时间（年）	人数	支教年限	受援地（学校）
7	第七批	1995—1997	27	2	日喀则有关学校
8	第八批	1997—1999	17	2	
9	第九批	1999—2001	22	2	
10	第十批	2001—2003	22	2	
11	第十一批	2003—2005	22	2	
12	第十二批	2005—2007	21	2	
13	第十三批	2007—2009	21	2	
14	"三区"人才计划第一批	2013—2014	10	1	
15	"三区"人才计划第二批	2014—2015	10	1	
16	"三区"人才计划第三批	2015—2016	10	1	
17	第一批"组团式"援藏	2016—2018	50	2	日喀则第一高级中学
18	首批万名教师支教计划	2018—2020	20	2	白朗县中学
19	第二批"组团式"援藏	2018—2019	50	1	日喀则第一高级中学
20	第二批"组团式"援藏留任	2019—2022	20	2	日喀则第二高级中学
21	新一批"组团式"援藏	2019—2022	20	3	日喀则第一高级中学
22	第二批万名教师支教计划	2020—2021	20	1	白朗县中学
23	第三批"组团式"援藏	2022—2025	20	3	日喀则第一高级中学
			12	3	日喀则齐鲁高级中学
—	合计	—	672	—	—

二、艰苦卓绝，甘于奉献

走进西藏，便是毅然选择了付出与奉献。在这片土地上，援藏教师们面对的是前所未有的挑战，首先的任务是克服自身，战胜那种如影随形的孤独感，同时还要应对高寒缺氧的恶劣环境和简陋的办学条件。起初，他们缺乏图书资料，没有实验室，既没有可以借鉴的成功经验，也没有失败的教训可以吸取……面对全新的课题需要全新的思维，援藏教师一切从头开始。他们依靠着自强不息的精神，自力更生，顽强认真、不畏艰苦地探索与创新，催生出一个又一个教学成果，也让一大批援藏教师一次又一次登上领奖台，收获了属于他们的荣耀。

他们中有些人曾经历过高原反应的煎熬，身兼数职，用牛粪取暖，以咸菜和半生不熟的馒头果腹。还有突如其来、不可避免的丧亲之痛，及孩子上学与择业的烦恼，这些"灵与肉"的双重考验，却未曾动摇他们援藏的决心。他们有大海般的胸怀，有小溪般持久的耐心，对藏族学生视如己出，总是耐心引导，日复一日地践行着红烛般无私奉献的精神。

境界的升华，道德的完善，生活的充实，人格与知识的双重提升，这一切都是西藏这片土地给予援藏教师的恩赐。回首往事，他们无怨无悔。如今，西藏政治稳定，社会和谐，经济繁荣，人民群众安居乐业。山东与西藏人民不会忘记，其中也包含着援藏人员的一份奉献与汗水。援藏教师，这一特殊群体，他们在高寒缺氧的高原上，执教数年，与艰苦为伴，与浮华、浮躁绝缘，培养了一批批学子，付出了智慧与青春。

1976 年，山东援藏教师在藏北

1976 年，山东援藏教师任瑛老师在上课

李同生，1983 年于山东师范大学毕业后，自愿选择前往西藏江孜县并在此地坚持任教 30 余年，曾担任西藏江孜二中校长等职务

1990 年，山东援藏教师与藏族教师交流教学经验

1990年8月18日，山东援藏教师进藏途中受阻

刘成行，在1999年7月—2001年7月援藏（日喀则地区）期间，克服缺氧缺蔬菜等困难，积极工作，无私奉献。在这两年间，有两位亲人相继离世，由于工作需要也没能回去奔丧，这份牺牲和坚持令受援学校领导、师生十分敬佩和感动。

2005 年 6 月，山东教育代表团到西藏考察慰问，图为时任山东省教育厅副厅长陈光华等到医院看望住院的援藏教师

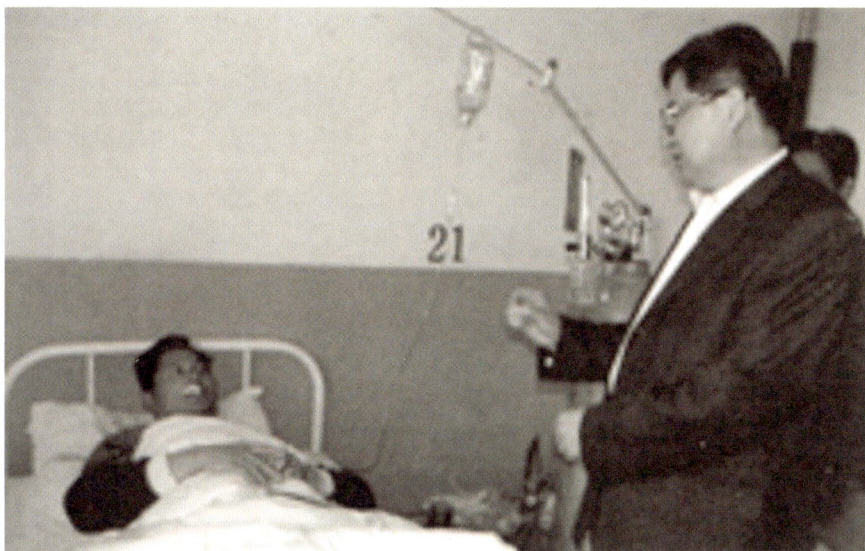

【故事侧记】汉藏师生雪域情

——山东省援藏教师领队赵维东（1991）

　　亲爱的读者，你可知道，在祖国的雪域高原，位于"世界屋脊"的后藏，有一群执行援藏任务的齐鲁园丁，他们是怎样将深沉的爱心无私奉献给藏族学生？那些憨厚朴实的藏家儿女又是如何报答老师们的深情厚谊呢？请看下面几个真实而感人的故事。

　　1991 年 5 月 4 日，一个普通且又不平凡的日子，萨迦县中学初三的巴丹同学在足球赛中不慎摔伤了腿，疼痛难忍。面对即将升学的压力，他十分苦恼。援藏教学队的刘宗福、刘付生老师见此情景，心急如焚，便马上背起巴丹同学，把他送到医院治疗。治疗结束后，回到学校又天天为他做热敷治疗，做病号饭，还把家中寄来的营养品给他，帮助他尽

第二篇　不负重托，近七百名援藏教师支教高原

029

山东援藏教师刘付生在萨迦

快恢复健康。一有空闲，两位老师就去安慰他，与他谈心，使巴丹同学逐渐消除了恐惧感和急躁情绪。在他伤势好转后，他们又轮流帮他补课。经过一个多月的精心照顾，巴丹同学的伤势渐渐痊愈。一天，当两位刘老师又把一大碗热气腾腾的鸡蛋面条送到他床前时，巴丹同学眼里流下了热泪。他用颤抖的手接过面条，望着两位老师，好久没有说出话来，最后泣不成声地说："老师，您、您就是我的亲人，我要做您这样的人……"

1990 年底，教学队的孙衍席老师得知在北京西藏中学学习的拉孜县学生次平经济上十分困难，几乎连回家的路费都没有时，便毫不犹豫地从自己为数不多的工资中寄去了 50 元。次平同学非常感激，回信表示一定将这诚挚的师爱作为刻苦学习的动力，为藏族、为祖国争光。后来，他以优秀成绩毕业，并考入了山东法律学校西藏班。

在樟木中学援藏的徐德海老师是个热心肯干的有心人。初到那里，他就拿出从家中带来的理发工具，利用自己的一技之长，坚持为藏族师生理发，至今已达 250 多人次，深受师生欢迎。那些天真烂漫的初中生们一提起他，总是高兴地说："徐老师关心同学，讲课又好，我们最爱听他的课了……"

1991 年 4 月，教育厅领队赵维东到樟木中学调研时，看到徐老师头发很长，便说"你给学生理发，我也来给你理个发吧！"，便操起推子，

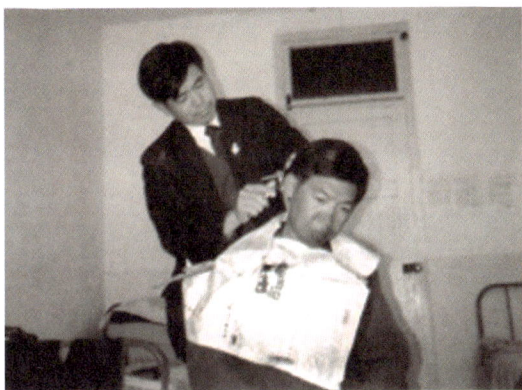

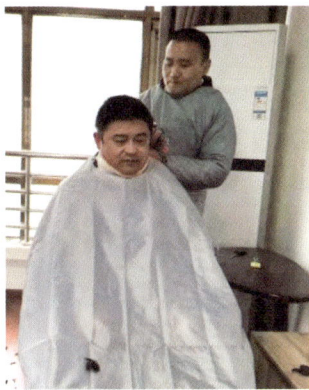

亲自给徐老师理了发。

魏建新，这位活泼且多才的青年援藏教师，在亚东中学任教期间，与学生相处得特别好，学生们都把他作为知心朋友。他曾为该校与他原在的山东德州一中的学生搭桥，成功建立了藏汉学生间的深厚友谊，至今书信往来不断。平时，无论在生活上，还是思想、学习上，魏老师对学生都很关心，学生对他也很尊敬。

高三文科班有个叫巴桑的学生，开始学习成绩并不理想，有些老师不是很喜欢他。然而，魏老师却给予他特别的关心和帮助，得知他父亲不幸去世的消息后，魏老师步行十几里路到他家，表达哀悼和温暖的慰问，走时又塞给他10元钱。巴桑深受感动，泪流满面。在魏老师的持续关心和鼓励下，他刻苦学习，进步很快，成功考入西藏大学。临行前，他默默地来到魏老师的宿舍，用藏族最崇高的礼仪向这位好老师敬了青稞酒，献了哈达，以表谢意。

有一次，魏老师生病了，同学们非常焦急。有的学生找亲戚从医院取来了治肠炎的最好的药；有的学生专门跑回家拿来了新鲜蔬菜。巴桑同学更是贴心，送来了十几个熟鸡蛋。当魏老师接过带有学生体温的鸡

山东援藏教师魏建新在亚东中学

蛋时，他的眼睛湿润了，喉咙哽咽了。

如果说教育是一项充满爱的事业，那么师爱则是这项事业的种子。它蕴含着教师崇高的使命感和责任感，彰显了以奉献为己任的红烛般无私奉献的精神。

如果说爱是相互的，那么，真诚的师爱定会赢得诚挚的生爱。这是情感的交流，是奉献的回音，它的升华便是孕育崇高理想的沃土，成为激人奋进的动力。而爱心的碰撞更会迸发出灿烂的尊师爱生火花，共同谱写出动人的教书育人的华章。以上事例，不正是说明了这一道理吗？而对于援藏教师和藏族学生们而言，这种爱心更是渗透着汉藏民族间无比深厚的情谊啊！

【教师随笔】刻骨铭心的记忆

——潍坊安丘市援藏教师杨胜平（2014）

来到西藏日喀则的 8 月 24 日至 28 日，是我永远难忘的日子。5 个活力四射的小伙子，因高原反应，说躺下就躺下了，他们手掌变得发紫，嘴唇黑紫，伴随着头疼、头晕、呕吐，甚至滴水难进，只能昏昏入睡。看到他们痛苦的模样，我内心充满了担心和害怕。尽管事先我对高原反应做了充分的心理准备，但看到他们这样，我还是害怕他们会有什么意外。我自己也未能幸免，手指变得发灰，嘴唇黑紫，稍一活动心脏就像压上了一块大石头，闷得难受，我也曾担心自己能不能挺过这高原的考验。那一刻，我不禁想：不管你有什么想法，不管你有什么抱负，不管你有什么志向，若身体条件不行，别来西藏。因为这里是人间的天堂，同时也是生命的试炼场。我确实担心自己坚持不下来，甚至还担心有更严重的情况发生，但一想到党和各级组织的信任，亿万山东父老的期望，以及藏族同胞和学生们的殷切目光，都是我前行的动力。这些念头让我没有理由，不从容地面对一切困难，坚持用微笑去迎接每天清晨的阳光，以乐观豁达的精神挑战极限，超越自我，克服困难，最终实现自己的人生价值。

左图为本文作者杨胜平与山东省教育厅有关领导合影，右图为杨胜平本人

经过高原的洗礼，8月30日是一个值得庆贺的日子。我们援藏教师10个人终于都坚强地挺了过来，现在我们重新站起来了，不适感大为减轻，这无疑是令人振奋的结果。于是，在我的宿舍里，我们10个人经过商议，决定晚上集体会餐以示庆贺。

下午5点，恰好日喀则市教育局的魏局长——一位潍坊老乡，前来看望我们。看到我们精神不错，他当即决定要请我们会餐，以示庆祝。我们高兴地接受了邀请。

魏局长特意带我们去了一家做山东菜的餐馆，点了我们爱吃的山东

菜。晚宴期间，魏局长向我们讲了来到高原，身体和生活应该注意的一些问题，并教我们如何抵抗高原反应。餐桌上，我们以水代酒，觥筹交错，畅所欲言，不亦乐乎。这是我们来到西藏吃得最高兴的一顿饭。

"久旱逢甘雨，他乡遇故知"，感谢魏局长给我们的帮助和指导。同时，也感谢高原反应的考验，让我们真正懂得了生命的真谛。

高兴之余赋诗一首以自勉：

壮志豪情满腔里，为国奉献赴边疆。

不畏山高环境恶，挑战极限勇担当。

政治思想要过硬，工作生活细为前。

和睦团结需谨记，尊重个性让为先。

艰苦奋斗讲奉献，不为名利图发展。

金子总有发光时，为校争光勇向前。

短短几天的援藏时光，让我经受了心灵的磨砺，净化了尘世的灵魂，感悟了人生的真谛。

【教师随笔】援藏支教骑行记

——山东烟台援藏教师丁磊（2018）

2018 年 11 月 21 日，星期三早上，我像平日一样 5 点钟醒来了，可能季节变换，天气转冷，就感觉缺氧，导致晚上睡着的时间比较少，今早起床后感觉头有点昏昏沉沉的。但我还是迅速洗漱完毕，5 点 20 分提着书包，带好物品，到公寓楼下的车棚里骑上自行车，出了公寓门，然后沿着黑龙江南路，奔向学校。

在这 11 月的深秋初冬之际，凌晨 5 点多钟，路上车和行人稀少，天空中繁星点点，路上没有灯光，周围只有我自己一个人在用力地蹬着

丁磊老师援藏工作期间的自行车被当地藏族老师保存在日喀则市第一高级中学的
车棚里

自行车前行，借着手机微弱的光指引着我骑行的路，心里满是对高一3班的那群孩子的挂念，想着今天上午上课该给学生讲个什么事例，让他们明白供求、价格、竞争形成的市场机制这个问题。

很快，我就骑到了黑龙江南路阳光苑小区附近。尽管头感觉不舒服，脑子里还一直想着学生和上课的事情，但是双脚并没有停下来，快速地蹬着自行车。突然，我感觉车把往下沉，人还没有反应过来，只听得"哐当"一声，我连人带车跌入了路边的一个大坑里。近期日喀则路政部门正对黑龙江南路维修，掩埋管线，因此在路边挖了一个大坑。这个坑大约一米深，长三米多，宽一米半左右，坑内堆积了一些施工用的沙子和砖块。车到近前，我也来不及刹车，就借着惯性，一下子栽进了坑里。我立刻从车座上摔了下来，身体碰到了大坑的四周，脚脖子崴了一下，手部擦破了皮，车把也碰歪了，手里拿着的手机也被甩到路面上去了。我在坑里愣了几秒后，立刻站起来，感觉脚脖子隐隐作痛，我顾不上那么多，就捡起书包，把自行车扶起来，用力把它抬出坑外，放在地面上。我从坑里出来，弯腰拿起摔到路上的手机，努力把车把调整好。

因为这个突发的意外，浪费了 5 分钟的时间。我担心会耽误陪着学生跑早操，所以我就忍着脚脖子的疼痛，骑上自行车，飞快地往学校赶，终于在 6 点前赶到了日喀则市第一高级中学，开始了一天的工作。

此后，在骑自行车去学校的路上，我在行经上海南路、龙江路、黑龙江路也出现过几次掉到坑里、撞到路边停放的垃圾车、被野狗追赶的事情，有惊无险，也算是自己援藏支教工作中难以忘怀的经历吧。

【人物特写】帮藏区的孩子打开通往外面世界的大门

——第一批"组团式"援藏教师程丽萍

"泽玛老师来了！"每次在教室门口响起这句话，程丽萍心中便不由得涌起一丝不易察觉的自豪。她知道，"泽玛"在藏语里是"美女"的意思。但爱美的程丽萍感受到了高原气候的严峻，一年下来，白头发多了，皮肤对强烈的紫外线过敏，脸上出现了红血丝……"整个冬季，才是最难熬的时期。"程丽萍告诉记者，西藏自每年的 10 月到次年 4 月是漫长的旱季，这段时间空气异常干燥，虽然整夜开着加湿器，但大多

数老师早上都会流鼻血，即使不间断地涂抹唇膏，仍然挡不住嘴唇干裂出血，吃饭说话会再次撕裂。空气中的含氧量也急剧下降，只有内地的40%左右，讲课时说几句话，老师们就要停下来，大喘几口气，再接着讲。晚上睡觉几乎没有人会一觉到天亮，总是翻来覆去，甚至有时候会憋醒，大口呼吸后，再迷迷糊糊睡过去。

报名援藏，程丽萍第一个征求意见的人不是丈夫，而是弟弟。因为父亲近几年生活不能自理，母亲患有冠心病、骨质增生，程丽萍所在的烟台龙口一中离父母家比较近，一直以来都是她在照顾，父母在生活上和心理上对她非常依赖。弟弟非常痛快地答应并决定辞职在家专心照顾父母，让她放心支教。

藏区的孩子们面临同时学习藏语、汉语和英语三门语言的挑战，英语是他们非常打怵的一门学科。日喀则市第一高级中学是对全西藏招生，有些偏远农牧区的孩子在初中阶段根本就没有接受过系统的英语教育。针对这个情况，程丽萍从字母音标入手，拿出大量时间带领学生把初中的单词从头到尾复习了两遍。现在孩子们升上高二了，能明显看出来阅读能力有了很大的提高。也许正是因为程丽萍的教学方法得当，提升了孩子们的学习能力，也提高了他们学习的兴趣，因此，她所带的班级在历次测试中，一直是级部第一名，甚至在高一期末考试中超过了重点班。

一天，一个叫索朗央珍的女孩，悄悄找到程丽萍，让她帮助参谋一下，未来自己考上哪所大学，才能当一名英语老师。看着这个才上高一的女孩，程丽萍知道，央珍是因为对她的喜欢才想去当英语老师的。程丽萍告诉她，先给自己定个小目标，一个个去实现，就一定能够实现自己的愿望。

程丽萍说："我想教给他们学习的方法，帮他们打开通往外面世界的大门，让这些纯净的孩子们看到外面的世界，了解外面的世界，更能正确地认识这个世界。"

三、丰碑矗立，薪火相传

自中央第三次西藏工作座谈会召开以来，山东援藏教师选派经历了从支援单一学段到覆盖全学段、从零星分散单打独斗到组团支援、从顶岗上课到示范引领的巨大变化。山东教育援藏以立德树人为根本任务，变"输血"为"造血"，辐射带动全区教育质量稳步提升，发挥了"支援一所学校、示范一个地区"的示范引领作用，推动了当地教师队伍建设持续推进，加速提高了西藏自身发展能力。当地学校管理水平稳步提升，各受援学校升学率不断提高，为西藏社会主义建设事业培养了各类人才，援藏教师的工作成绩也得到各级政府和教育主管部门的认可与褒奖。

（一）桃李不言，成绩激励后来人

援藏教师在西藏各级党组织的领导和关怀下，在藏族人民的支持和帮助下，以饱满的革命热情，发扬特别能吃苦、特别能战斗、特别能忍耐、特别能团结、特别能奉献的"老西藏精神"，克服种种困难，拼搏进取，埋头工作，甘于寂寞，默默奉献，为培养藏族学生倾尽一腔热血和聪明才智，为西藏的教育事业作出了贡献，赢得了西藏自治区各级党组织和人民群众的好评。

1991 年 7 月，日喀则地区教体委领导达娃主任为援藏教师颁奖

援藏教师张清亮同志的部分获奖证书

第二篇　不负重托，近七百名援藏教师支教高原

2017年1月，山东青岛援藏教师李宝峰所带班级被西藏自治区教育厅授予"西藏自治区民族团结班级"荣誉称号

2018年，在日喀则市教育工作表彰大会上，山东"组团式"教育人才援藏工作队获日喀则市"教育援藏工作先进集体"称号

2020 年，山东援藏教师薛庆师被评为日喀则市名校长，山东省"组团式"教育援藏团队获得"日喀则市民族团结进步模范集体"称号

2024 年 4 月，山东省"组团式"教育援藏济南领队、日喀则市齐鲁高中校长万云同志荣获"西藏自治区先进工作者"称号

心有所信，方能行远。每一个专注于教育的人都不会只为今天驻足停留，因为教育的目光看向的是明天和远方，他们以满腔热情点亮援派岁月，用责任担当书写光荣使命，在艰苦环境中历练成长，为受援地区教育事业奉献青春与智慧，谱写出一个个感人至深的援派故事。

【人物特写】不忘初心西藏行，牢记使命高原情

在山东第九批援藏干部人才中，有这样一对"夫妻档"，他们不辞辛劳，从遥远的胶东半岛奔赴祖国边陲，投身于教育援藏的伟大事业中，在三尺讲台上辛勤耕耘。他们便是来自山东省烟台第十四中学和烟台芝罘中学的周清翱与孔凡红。2018年，他们带着孩子赴日喀则市第一高级中学开展教育援藏工作，周清翱任教学副校长，孔凡红担任专任教师。夫妻俩援藏期间为受援单位做了大量卓有成效的工作，取得了骄人的业绩，个人也多次获得各级政府和教育部门的表彰。

援藏期间，周清翱分管教学、教科研及教育信息化工作，他带领教学管理团队深入剖析存在的问题，开展集备集研、规范课堂模式、课题

研究、援藏教师"十个一"工程等活动，以教研促教学。他致力于转变当地教师理念，改变教学模式，提升课堂教学质量，并关注学生知识掌握情况。为适应西藏新高考改革，他推行了分层走班教学等创新措施，有效地推动了学校教育教学工作的开展。

孔凡红自援藏以来，积极引领日喀则开展艺术教育，在"国培计划"中小学音乐教师研究培训班上，她为日喀则市音乐教师开展讲座，赢得了参训教师的一致好评。在学校里，她与本地教师结成帮扶对子，通过示范课、集体备课、听评课等多种形式，助力当地教师快速成长。同时，她和本地教师们一起组织学生开展社团活动，极大地丰富了学生们的校园生活，深受学生们的喜爱。

援藏期间，夫妻二人的"讲台"不只局限于教室里的三尺之地。他们白天是老师，晚上做父母，在做好本职工作的情况下，多方资助有困难的孩子。除了付出自己的爱心，他们还通过多种途径联系更多爱心人士，为这些孩子提供帮助，让他们努力前行，成为未来推动西藏发展的有用人才。在他们的世界里，放飞的是学生的梦想，守望的是自己坚守着的初心，不为名缰利锁所束缚，只用淡泊之心继续奉献和前行。

【人物特写】援藏教师甘于奉献，数学奥赛创造历史

第三批"组团式"援藏教师孙建平，是受援学校年龄最大的班主任之一，也是援藏教师队伍里面为数不多的担任班主任的教师。多少个日日夜夜，无论春夏秋冬，他都风雨无阻地穿行在从援藏教师公寓通往学校的那条长5千米的路上。夏天，暴风雨经常毫无征兆地来临，电闪雷鸣并没有阻止他前进的步伐；冬天，凛冽刺骨的寒风也没能抵挡他奔向孩子们的决心。

然而，由于劳累过度，加上高寒缺氧的环境，导致他长期夜不能寐，身体出现了种种不适，甚至两次被迫住院治疗。其间，他也曾产生过辞去班主任的想法，但最后还是放弃了，因为心里还是有很多不舍。当他看到班里孩子们那纯洁清澈、充满期待的眼神，他选择了继续坚持，以更加饱满的热情投入教育教学工作中。

一分付出，一分收获。他的辛勤工作换来了丰硕的回报：13 班在他的带领下，在历次大型考试中都名列前茅，多次获得第一名的好成绩。他的辛勤付出和敬业精神，赢得孩子们发自内心的尊重和爱戴。

2023 年秋天，他主动承担起数学奥赛辅导的任务，经过几个月的精心辅导，日喀则市第一高级中学在 2023 年全国中学生数学奥林匹克竞赛（预赛）中取得优异成绩。高一年级的格桑、旦巴扎西、索朗央珍、旦增其美四位同学更是获得一等奖，这是日喀则市第一高级中学历史上前所未有的好成绩。

第三批"组团式"教育援藏教师孙建平，现任日喀则市第一高级中学数学教师，高二 13 班班主任，高一数学备课组长。图为 2024 年 5 月，孙建平老师在送教下乡时给孩子们上课

（二）弦歌不绝，血脉延续有接力

一支粉笔，两袖清风，三尺讲台，四季耕耘。多年来，一批又一批齐鲁儿女前仆后继，他们之中有的是师生、有的是父子、有的是夫妻……这种精神传承和血脉延续在援藏教师群体中广泛存在，带着"绝不辜负孩子们的真诚和对学习的渴望"这一信念，他们彼此鼓励、不断接力，用自己的牺牲和奉献，努力实现着自己的职业价值，为教育援藏工作写下了浓墨重彩的绚丽华章。

【人物特写】师徒接力，赓续援藏；无怨无悔，爱洒边疆
——第三批"组团式"援藏教师左朝霞

1999 年，我考入平度师范学校，我的班主任是徐国赞老师。那时，徐老师已经年过 50，但他精神矍铄，腰板笔直，说话中气十足，上课慷慨激昂。那么一个干瘦的"小老头"身上为什么总是有使不完的劲儿？当时我们还私下讨论，是什么让老师对生活充满了热情。直到有一次，老师给我们讲起了他的援藏经历……

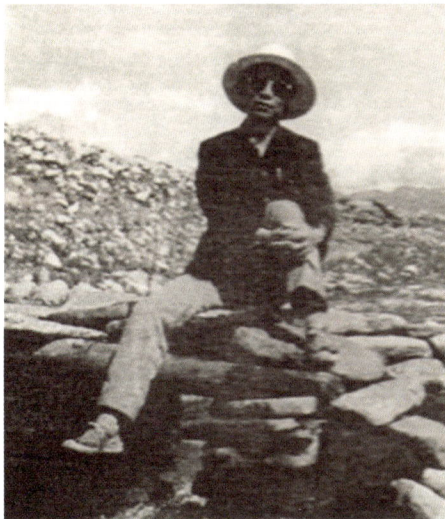

徐国赞在送教下乡路上

听着老师讲他援藏的故事，除了感动，更觉得那些经历遥远和陌生。我们心里佩服老师的辛勤付出和无私奉献，对他有了更多的敬意。然而那

时的我从未想到，我会与西藏产生联系。

世界就是这么奇妙，谁能想到，毕业20年后，我也有机会作为一名援藏教师踏上雪域高原，追随恩师的足迹。2022年8月，我作为山东省第三批"组团式"援藏团队的一员，随队前往日喀则市第一高级中学，开始了为期3年的援藏工作。为什么要做出这个选择？当时我还是不太明白，仅仅是感觉面对这次机会我应该来，如果不到这个神秘的雪域高原走这一趟，可能这辈子都会后悔。

日子如流水般平静地流淌着，每一个平凡的日子里，我在学校里尽职尽责地为学生们上课，与同事和谐舒适地相处，现在已经将近2年了。然而，2024年6月21日，援藏前辈、山东省教育厅援藏干部、第六批援藏教学领队赵维东处长，在结束援藏32年后重返西藏，特地来看望我们。赵处长满怀深情地回忆了他们援藏的经历，当赵处长讲到援藏老师救助当地藏族群众的时候，我突然从他的口中听到了一个熟悉的名字——徐国赞！我心里一阵激动，是我的老师吗？我按捺住激动的心情，等到赵处长讲完话，就迫不及待地问道："处长，您刚才讲的徐国赞老师是平度师范学校的老师吗？"他说："是啊！"那一刻，激动与幸福瞬间涌上了我心头。"那是我的班主任啊！"我不禁激动地大声喊道。

徐老师给我们讲过，他在援藏的时候，那时的日喀则一片荒芜，光秃秃的山，大风刮起，卷起的沙石扑打在脸上生疼；氧气稀缺，而且室内没有供氧设备，全靠毅力在支撑；生活条件简陋，需要自己担水做饭，寒冬腊月，水都冻住了，他们就凿开冰面从湖里取水，烧饭用牛粪，饭经常半生不熟……就在这样的环境下，他们一待就是整整2年，而且期间他一次家都没有回过。

印象最深的，是老师给我们讲过的一件事：他们几个援藏老师在外散步的时候，遇到当地的藏族同胞突然晕倒，几个人毫不犹豫，立即展开施救，在他们的努力下，藏族同胞成功脱险。就是这种大爱，让他们

左朝霞老师在上课

的援藏工作顺利进行，与当地的百姓、老师、学生结下了深厚的友谊。直到今天，他们的友情依旧在延续。

如今我也踏上了遥远的西藏土地，虽然生活条件已经有了翻天覆地的变化，但高原反应依旧很厉害，自从到了日喀则，我每天都要忍受失眠、消化不良等等的困扰，而且因为身体不适应，我又患上了疾病，2024 年 4 月我经历了手术，术后不到两个月就返回日喀则继续工作，因为我知道有两个班的藏族孩子在等着我。有人问我为什么这么拼，我说不出所以然，只觉得内心中有个声音告诉我："你不能放弃！"如今我常常想，这个给我鼓励和加油的声音，或许就来自于 20 年前徐国赞老师的课堂。

现在我想明白了，为什么我会义无反顾地参加援藏工作，原来当初我在我的老师徐国赞的课堂上，心中就已种下了一颗种子，一颗坚持的种子，一颗探索的种子，一颗无私奉献的种子，而如今这颗种子在雪域高原上破土发芽并茁壮成长。

在日喀则的这片土地上，过去是我的老师播撒着他的爱。如今，我接过徐老师的接力棒，把爱继续播撒。用我们所有援藏人的真情奉献，让山东援藏这面大旗永远飘扬在雪域高原上。

【人物特写】心有猛虎，细嗅蔷薇

——山东烟台援藏教师朱晓萌

日喀则市第一高级中学招生范围面向整个西藏地区，涵盖牧区与农区，有的学生中考后，预留的是初中老师的电话；有的家长和学生在野外放牧牛羊，或者从事秋收工作；还有很多地方因为手机无法接收信号，也无法联系上。有时候，电话拨通了，但是由于信号问题双方说话彼此听不见。作为班主任的山东援藏教师朱晓萌感慨地说："我第一次深刻地感受到，这里的孩子想要顺利接受教育的不易，要想在这里开展教育工作需要面对很多困难。"

作为班主任的朱晓萌虽然对他的学生很严格，却很受孩子们的喜欢，有时候学生会开玩笑地问他名字有一个"萌"字，是不是因为长得"萌"

第三批"组团式"教育援藏教师朱晓萌，现任日喀则市第一高级中学地理教师，高二4班班主任，高一地理备课组长

（可爱的意思）。朱晓萌丝毫不介意，他相信"亲其师，信其道"，所以他总是笑呵呵地回应。

大学毕业时，朱晓萌有一腔热血报国志，他告诉父亲，他也想穿上军装，像父亲年轻时候一样，成为一名光荣的军人，驻防边疆，保家卫国。然而人生起伏跌宕，由于种种原因，他成了一名高中地理教师。十几年过去了，当初的报国志仍在，机缘巧合下他萌发了到西藏支教的想法，也就有了上面的经历……现在的他越来越热爱自己地理教师的工作了，网课期间看着屏幕前孩子们眼里有光，怀揣梦想的模样，他打心里觉得值得。

【故事侧记】耄耋之年再赴高原，赓续前缘，激励后人

在对口支援西藏30周年之际，山东省第六批援藏教学队（1990—1992年）领队，时为山东省教育厅援藏干部的赵维东再次来到西藏，看望援藏期间的藏族同事，关心当年援藏教师教过的学生，勉励在藏的山东援藏教师。

1991年，赵维东（右一）援藏期满离藏返鲁前与孔繁森同志（中间）合影

2024 年 5 月，赵维东应邀参加山东省第三批"组团式"教育援藏日喀则市第一高级中学援藏教师座谈会

　　在山东对口支援的日喀则市第一高级中学举办的座谈会上，赵维东同志深情地介绍了 1990 年至 1992 年间山东援藏教师的情况。30 名援藏教师一进藏即被分别分配到日喀则各高海拔偏远县区，一待就是 2 年，其间不能返回家。他们面对缺氧、缺水，没有蔬菜、水果的艰苦环境，以及路况恶劣、路途遥远，教学环境简陋、设施陈旧等重重困难，虽饱受思乡之苦，却兢兢业业、以苦为乐，和当地教师并肩作战，一起为国家培养栋梁之材，与受援学校师生和藏族百姓结下血浓于水的深厚友谊。

　　赵维东对如今学校条件翻天覆地的变化表示由衷的欣慰，他还用自己创作的诗歌，缅怀那段艰苦岁月，表达对学校师生的期待和鼓励。他勉励在藏的山东援藏教师，要继承和发扬"老西藏精神"，保持艰苦朴素的优良工作作风，不断提升自身精神境界和教育教学能力，为西藏教育事业作出更大贡献！

（三）笔耕不辍，壮志豪情写风华

　　作为教师，援藏不仅仅是给孩子们上课那么简单，雪域高原更缺乏的是先进的教育理念、丰富的教学方式和完备的管理办法，在平均海拔

4000米的青藏高原上，援藏教师不仅要克服缺氧、干燥、头疼、失眠等种种身体上的不适，还要应对交通通信的不便、与家人分离的孤独感，以及陌生环境和不同生活方式带来的压力。但秉承着"缺氧不缺精神"的信念，他们在团队带领或个人探索下，通过开展书信交流、读书分享会、诗画创作等活动，不仅丰富了自身和团队的业余生活，还增进援藏教师之间和当地师生之间的沟通与交流，拉近彼此间的距离，提高团队的凝聚力和向心力，增强教师们的归属感，让远离家乡亲人的援藏人感受着援藏大家庭的温暖。

丰富多样的业余活动，体现了援藏教师们扑下身子埋头实干的精神面貌，展现了老师们深厚的文化素养和艺术底蕴，培养了老师们耐得住寂寞和痛苦的意志，营造了团结友爱共存共荣的氛围。这些活动记录了援藏教师们生动的生活场景，展示了一批又一批援藏教师们丰富的精神世界和共同的价值追求。

1. 读书交流促凝聚

到西藏工作，最缺的是氧气，最宝贵的是精神。援藏需要承受大自然对生命的考验，需要忍受漫漫长夜带来的孤寂和痛苦。尽管援藏生活艰苦，但山东援藏教师学会了苦中作乐，沉淀、学习、创作，其中读书会的开展可以填补空闲时间，让大家通过交流碰撞出许多心得，增进队友们的凝聚力。

2017年7月，山东省首批"组团式"教育援藏领队韩东带领队员召开读书会，共话援藏情怀

2020年12月，山东省第二批"组团式"教育援藏领队薛庆师带领队员集体学习

2023年10月，山东省第三批"组团式"教育援藏领队、日喀则市第一高级中学校长李豫威带领队员开展读书交流活动

2023 年 9 月，山东省第三批"组团式"教育援藏领队、齐鲁高中校长万云带领队员开展政治理论学习活动

2. 艺术作品增情谊

援藏是心灵的修行，是梦想的净化，是爱的升华。许多援藏教师多才多艺，利用业余时间，感受高原带来的精神洗礼和生命升华，也通过自己的艺术创作充分表达了对这片厚土的深情。

【教师作品】新来的"格拉"

美术教师米海峰（1976.6—1978.7 在那曲地区援藏）构思创作的油画《新来的"格拉"》素描稿

【教师作品】奔跑的野牛

援藏美术教师王寿松（1976.6—1978.7在那曲地区援藏）的作品《奔跑的野牦牛》

3. 撰写随笔留记忆

援藏，对于青年人来说，是一个千载难逢的人生机遇。高原也是孕育人生灿烂花朵的土壤，许多在藏和离开西藏的援藏教师，心系西藏，情接高原，饱蘸浓墨，满怀激情，撰写出震撼人心的时代华章。

山东省第六批援藏教师刘付生利用业余时间撰写工作笔记

【教师随笔】我要去西藏

（王军波）

早就把你向往

牵魂萦梦的天堂

千里牧草香

万年风沙长

冰雪千载画边疆

我要去西藏

滔滔的雅鲁藏布江

沸腾着千年的梦想

赳赳昆仑四季的风

激荡着你我奋发的希望

喜马拉雅勇者之歌最高亢

我要去西藏

奔跑不息的藏羚羊

前进脚步追赶着太阳

轻轻诉说伟大和坚强

你歇歇脚把天路凝望

这世代守候的家乡

我要去西藏

神圣的布达拉哈达在飘扬

暖暖的酥油茶格桑花儿香

醉人的青稞酒酥油灯儿亮

虔诚的追梦人雪莲在开放

轮回的转经筒生死付苍茫

我要去西藏

我要去西藏

离太阳最近的地方

我要去西藏

扎西德勒把歌唱

我要去西藏

拥抱新时代建设的曙光

王军波，山东省招远第一中学英语教师。自 2016 年到 2022 年受山东省教育厅选派为首批和新一批 "组团式" 教育援藏教师赴西藏日喀则市第一高级中学援藏支教，共在西藏任教 6 年。曾先后荣获山东省优秀教师、日喀则市教学能手、优秀援藏干部等称号

【教师随笔】漫步高原

（王建新）

凌云踏露

牵年轻岁月

无羁无绊

轻轻漫步在高原

芳草吻我足

花丛拽我腿

绿色悦我眼

露珠在朝阳下明灭成晶莹

啼鸟在晓风中追逝成墨豆

涓涓清流在绿毯上蜿蜒如带

撩我把爱心沿春天的畅想抛向大海

我不孤独

藏家儿女与我相伴

我不动摇

冻冰没足时想想小草之吻

荆棘刺骨时想想花枝轻摆

白雪灼目时想想茵茵绿色

我不惧怕

冬日的高原雪裹冰封　荒凉　萧索

飞沙走石将太阳的眼睛蒙打得难以睁开

我一样愿在这辽阔的高原上漫步

拨开冰雪　去寻觅金丝鸟的羽毛

掘开冰土　去寻觅蒲公英的种子

迷人的想象如屏幕上的慢镜头

鲜活成春天发芽　花事萌动

饱经风霜的生命在神秘的高原上

葳蕤成天边的绿化树

季节在期待中变换风景

无论春夏秋冬

我都将理想之舟挂起鼓鼓白帆

驮我遨游在大海

扶摇上高原

携一抹微笑入萋萋芳草地

让青春出浴像珠穆朗玛一样

婀娜　圣洁　庄严

这魅力这风采

可曾获得

捧沉甸甸红心

——叩问缄默诸峰

30 年前后的王建新（1976.6—1978.7 在那曲地区援藏）

【教师随笔】援藏组诗

（王广峰）

《七课连排以寄怀》

考卷评裁七课时，汗侵口罩气如丝。

无缘长假亲朋聚，我待花开六月枝。

《临江仙·值班归途偶得》

昨夜巡班值守，归来已是三更。纤云羞月满天星。朔风怜落叶，鹏鸟笑苍冥。

疑有道旁伏鬼，花猫草里浮腾。老夫无处觅魂灵。儒人辄怯懦，孽畜愈狰狞。

《庚子年国庆抒怀》

伟业深谋待圣贤，又逢国庆话流年。

新冠病疫今犹在，台海风云日益悬。

何惧龙潭临险地，长歌壮士叩苍天。

班公湖畔清秋冷，猎猎红旗抚七弦。

王广峰，滨州市优秀教师，滨州市高中教学先进个人。山东省第九批援藏教学队成员，西藏日喀则地区优秀援藏教师

【教师随笔】感怀

（薛庆师）

滔滔东海边，济青淄潍烟。

教育来组团，接力上高原。

海拔三千八，缺氧又高寒。

离家八千里，亲人常思念。

白云映雪山，雄鹰翔蓝天。

狂风拂荒野，黄沙遮望眼。

热血融寒冰，初心意志磐。

赤胆忠心在，使命担在肩。

援助情谊深，鲁藏心手牵。

青蓝传帮带，切磋又示范。

问道日喀则，集备又集研。

送教去拉孜，不畏路途远。

高原育桃李，用心去浇灌。

爱生如爱子，格桑花开艳。

远方当故乡，雪域讲奉献。

无悔援藏行，教育谱新篇。

【教师随笔】普琼的乡野

（梁国栋）

网课上了一个月，无法见到网络那端的学生们是什么样子，但也认识了几个友好的小朋友。

普琼是个高个子的藏族小伙子。

十八岁的少年，奔跑在广袤的高原之上，自由得就像高原上浩荡的风一样。天空那么蓝，大地起伏而沉默，连绵不断的山粗糙而黯淡。四野里空空荡荡的，视野里连棵树也没有。

可是，镜头里，突然就出现了一只奔跑的岩羊，飞快地穿过山脊，消失在山野的褶皱里。

普琼小伙子给我看这赤裸粗硬的野地，给我看脚下扎着稀疏干草的板结的地面，谷地里宽阔的河床，像镜子一样的水面，还有水边一大群各种各样的鸟儿。

他在自然里游荡，像一只自由自在的小羚羊。在乡野里撒欢的孩子，拥有最幸福的自由时光。

近期，日喀则的雨水比较多。每天傍晚，总有风呼啸起来，瞬间便聚集起一片乌云，然后选择一片土地，洒一阵雨水。那起伏连绵的山，就被湿润的云气洇湿了。荒凉的山上，那些低矮的小灌木里有什么呢？我很希望能去看看。因为不管多么单调乏味的土地，在细微地寻觅之下，总会被翻找出一些让人惊喜的秘密。普琼就在那寂静的山上玩耍，带回家满满一筐蘑菇。

那样贫瘠的山上，怎么会有那样丰厚的馈赠呢？真是让人觉得不可思议啊。

乡野山间的乐趣在于，平淡无奇的路上，永远会有未知的惊喜或者惊吓。比如在春天的尾声时，小路隔着的荒草中间，总有一种小动物窸窸窣窣穿过，"嗖"的一声从草丛消失，有时，它们根本就是慢条斯理地摇摆着尾巴过路。与一条小蜥蜴不期而遇，并不算愉快，小时候总以为它会是蛇的什么亲戚。但是，这高原上的小蜥蜴怎么也会做蠢萌的样子呢？普琼把它托在掌心，它呆呆的，并不见它会断尾逃走。

他还会逮蚂蚱。在收割完了的大片的青稞地里，会飞着无数的蚂蚱。他轻轻走向前，轻轻蹲下身子，突然罩上手，一下子就逮住了。捂在手心里的小虫子仍会剧烈地反抗。它充满活力，后腿有力地挣扎；它有麦芒一样的触须，感觉灵敏，轻轻一碰，它就会迅速地做出反应，并且从嘴里吐出一些褐色的液体；还有它的翅膀，透明柔软，精巧对称；它的眼睛，坚硬清晰，里面有无数只小眼睛……对一只蝗虫仔细观察，会觉得世界神奇而不可思议——红日沉在山后，云霞闪在山头，少年站在金黄的麦地里，大地广袤无边，四周无限沉静。

普琼的乡野，有连绵不绝的山坡。顺着山坡爬到坡顶的话，会发现坡顶上又连着一个坡。继续爬的话，在尽头又会有更高的山坡，没完没了地，一级一级地隆起在大地上。站在一个顶峰上回头看，视野开阔空旷，群山起伏动荡，风很大很大。

梁国栋，山东淄博人，第三批"组团式"援藏教师（2022 年援藏至今），日喀则市第一高级中学语文教师

他的牛在山野里，到冬天才去把它们找回来。但他家里有两头非常可爱的小花牛犊。它们有极大的、温柔的眼睛，头顶是白色的，像顶着一朵大大的菊花，身体黑黑的，有短短细密的绒毛。它们爱跟着普琼，就像黏人的猫咪。普琼给它们拍照，它们一直顶到镜头前，而圈棚那边正埋头啃着草料的一溜儿大牛们，纷纷抬头，诧异地看着他。

我没问普琼，是不是住在欢腾的水边，有哗啦的水声日夜响在枕边、脚边，清晨起来，打开家门，就会溢满沼泽和青草的气息。也许，高原上的小孩子没有草木葳蕤的夏天，但小孩子如果在自然中成长，也有丰饶的童年，更何况，他这里也有"挥金如土"的油菜花，有充满生机的乡野。

当然，这些浪漫只属于孩子，大人们的主要任务，还是忙着面对那些沉重而沉默的现实。

第三篇
鼎力相助，极大改善日喀则办学条件

对口支援西藏工作，是党中央、国务院为推进西藏自治区实现跨越式发展和长治久安作出的重大战略决策。山东高度重视援藏工作，自援藏工作开展以来，深入学习贯彻中央历次西藏工作座谈会、对口支援西藏工作会议精神和相关部署，认真落实教育部和鲁藏两地党委、政府工作要求，坚持"应西藏所需、尽山东所能"，大力改善受援地教育基础条件，使受援地学校办学条件得到了显著改善，师资队伍建设得到了持续加强，教育教学质量也实现了大幅提升，为当地经济社会发展提供了重要支撑。

一、以硬件建设为基础，不断改善受援地办学条件

改善受援地办学条件是教育对口支援的一道必答题。山东教育援藏聚焦习近平总书记"改善民生、凝聚人心"的指示，坚持教育优先发展战略，围绕民生工程，始终保障将不低于30%的援藏资金用于教育，围绕教育民生工程，聚焦基础设施，大力新建和改扩建市、县（区）、乡各类学校和幼儿园，支持受援地中小学校舍建设和设施设备更新，建设一批批"民心工程"，助力受援地办学条件持续改善。

1999年，省政府投入2300万元，援建日喀则地区第一高级中学综合教学楼和地区幼儿园。"十一五"后期，投入援藏资金800万元，另筹集资金700万元，援建日喀则地区第一高级中学图书科技楼和塑胶田径场。党的十八大以来，资金规模进一步扩大。"十二五"后期，投入援藏资金累计6265万元，完成了包括桑珠孜区齐鲁幼儿园建设、江当乡小学改扩建、南木林县职业学校学生公寓等项目。"十三五"期间，投入援藏资金累计3.5亿元，进一步完善了日喀则市第一高级中学，桑珠孜区、南木林县、白朗县、昂仁县、聂拉木县等5县（区）中小学及幼儿园的基础配套设施。

"十四五"时期，山东陆续投入援藏资金累计5.3亿元，实施项目260余项。其中，日喀则市齐鲁高级中学作为山东援藏历史上单体投资最大的项目，总投资2亿多元，占地面积106亩，建筑面积3.5万平方米，可容纳学生1500名，其设施水平居全自治区前列。此外，日喀则市少年科学院作为西藏自治区首座青少年科学院，总投资7300万元，其建成使用后，有效地缓解了当地劳动、科创、国防等教育资源短缺问题。

在受援地办学条件持续改善的同时，各族群众受教育的权利也得到

鲁藏两地领导出席山东援建的日喀则地区中学改扩建工程——综合实验楼的奠基和竣工仪式（2000年6月25日开工，当年10月15日竣工）

充分保障。在西藏日喀则市广袤的土地上，学校已成为亮丽的风景线，乡村幼儿园标准化率100%、3至6岁适龄幼儿入园率100%，当地群众的获得感、幸福感和安全感不断提升。

二、凝心聚力，全面推进

（一）泉润白朗，助学兴教

白朗县是西藏的果蔬之乡，位于雅鲁藏布江主要支流——年楚河中游，全县总面积为2759平方千米，平均海拔4200米，县城驻地海拔3890米，常住人口为44564人。白朗县的经济以农业为主，尤其以种植果蔬而闻名，被誉为"西藏粮仓"和"高原果蔬之乡"。

从1995年到2024年，为认真落实济南市委、市政府坚决贯彻党中央决策部署，把对口支援白朗视为一项特殊的政治任务和义不容辞的重大责任，济南市先后选派十批援藏干部人才来到这里接续奋斗。30年来，十批济南援藏工作队矢志不渝，倾心白朗教育。泉水润泽，格桑花开。白朗县教育的发展见证了十批济南援藏干部对于教育的热血付出与豪情壮志，见证了济南市对口支援白朗县的坚定、执着与教育初心，见证了近千万泉城儿女对白朗人民的深情厚谊。

【工作纪实】济南教育援建重点项目

（1）白朗县幼儿园教学楼建设

2009年，新建白朗县幼儿园教学楼

该项目是由山东省济南市第五批援藏工作组负责建设，是白朗县第一所功能完善、设施优良的全日制幼儿园。该项目的投入使用，极大地缩小了白朗县幼儿教育水平的城乡差距，促进了教育公平，让高原的孩子也能享受到优质的学前教育资源。该项目的落地有效满足了幼儿接受早期教育的需求，为他们的认知、语言、社交、情感和身体发展奠定基础，帮助幼儿顺利过渡到小学阶段，具备适应小学学习和生活的基本能力。

（2）白朗县小学教学辅助用房建设项目

该项目是由山东省济南市第八批援藏工作组负责建设，投入资金1246万元，于2018年5月9日开工建设，2018年12月15日全面竣工并投入使用。主要建设内容包括学生宿舍2000平方米，教学和辅助用房

2018年，新建白朗县小学教学辅助用房

2018年，新建白朗县小学学生宿舍楼

1000 平方米及附属工程。

白朗县由于经济等各方面原因的制约，教育水平、办学条件有限。济南市第八批援藏干部抵达白朗后，经过实地调研，确定把白朗县小学基础设施改造升级列为县委、县政府的重要工作，积极筹集资金建设一所高标准、现代化小学，全力改善当地中小学办学条件。

（3）白朗县中学综合办公楼建设项目

该项目是由山东省济南市第九批援藏工作组筹集资金 820 万元建设完成的，于 2020 年 7 月 5 日开工建设，2021 年 1 月 31 日全面竣工并投入使用。项目建设内容包括新建县中学实验室、科学室、综合办公室等 2500 平方米，硬化路面 300 平方米及附属工程。通过实施中学综合办公楼全覆盖项目，提升了白朗县中小学师生工作、学习、生活条件，创造"安居方能乐教、乐教方能优教"的良好环境，为白朗县教育教学质量提升打下良好的物质基础。

2020 年，第九批援藏干部建设白朗县中学综合办公楼

（二）青藏结缘，携手共建

桑珠孜区是西藏自治区日喀则市的一个辖区，桑珠孜藏语意为"心想事成的地方"。该区总面积为3664.72平方千米，常住人口为158290人。桑珠孜区不仅自然风光秀丽，而且文化底蕴深厚，拥有众多的名胜古迹，是日喀则市政治、经济、文化的中心，也是面向南亚开放的重要枢纽和西藏的安全屏障、生态安全屏障的前沿区域。

自1995年青岛对口支援日喀则以来，青岛市始终把优先发展教育事业作为对口支援工作的重中之重来抓。援藏工作之初，青岛市首先实施"屁股离地"工程，让孩子们用上遮风挡雨的教室，并配备了课桌椅。随后，一批批的青岛援藏干部人才接续奋斗，多方争取资金投入，着力改善教育设施和办学条件。1996年至2006年十年间，15所希望小学成功建成并投入使用；2009年，情馨幼儿园完成建设；2011年至2015年间，江当乡中心小学得到了连续建设；2014年，齐鲁幼儿园及后续的28所小规模乡村幼儿园相继交付并使用，这标志着学前教育三个100%目标的基本实现。2019年以来，青岛援藏先后投入资金3.5亿元用于新建和改扩建学校28处。2021年，青岛援藏干部和人才又筹集社会资金2200万元，集中在桑珠孜区捐建了28所农村标准化幼儿园，率先在西藏实现了标准化幼儿园乡村全覆盖的目标。

【工作纪实】青岛教育援建重点项目

（1）东嘎情远希望小学

东嘎情远希望小学于1996年5月17日开工建设，初期被命名为"青岛希望小学"，当年7月29日建成，建筑均为土木结构，总投资50万元，其中青岛援藏资金20万元。2008年，青岛援藏投资370万元，对学校进行改扩建,原来的土木结构校舍改建成了2层的教学楼,并更名为"情远希望小学"。2020年,青岛市第九批援藏工作组再次为学校带来了改变:青岛援藏投资800万元,为学校新建一座4层教学楼和一座学生宿舍楼。从"希望"到"青岛希望",再到"情远希望",这所乡村小学名字的变化,见证了青岛市与桑珠孜区的连绵情谊。

2021年,新建成的东嘎情远希望小学鸟瞰图

东嘎情远希望小学教室新旧对比图

（2）学前教育提升工程

位于桑珠孜区中心的情馨幼儿园

2010 年，由青岛市第五批援藏工作组援建的日喀则市情馨幼儿园正式投入使用。该园建筑面积 2540 平方米，总投资 720 万元，其中援藏资金 620 万元，设有幼儿活动室、睡室、洗室和游戏场所，还配备中、小型玩教具和多媒体教学设备，为幼儿提供优质的教育和保育服务。作为日喀则市第一所公办幼儿园，受到了当地老百姓的普遍欢迎，极大地解决了日喀则学龄前儿童入园难和入园贵的问题。

桑珠孜区齐鲁幼儿园

2015年11月，由青岛市第七批援藏干部组负责援建的桑珠孜区齐鲁幼儿园竣工并交付使用。这座由十一世班禅额尔德尼·确吉杰布题写园名的幼儿园总投资2117.76万元，占地面积10046平方米，建筑面积5400平方米。幼儿园规划设有15个班，目前有500多名桑珠孜区学前儿童在园学习。园舍配备了先进的教室、齐全的教学设施和设备以及幼儿食宿设施等，是日喀则市办学条件和教育质量最好的幼儿园之一。

2021年5月底，桑珠孜区成为西藏首个乡村幼儿园标准化建设达到100%的县市区。图为桑珠孜区江当乡雷贵村幼儿园的小朋友们

2021年六一儿童节前夕，28所新建改造乡村幼儿园交付使用

2019 年，在青岛第九批援藏工作组的策划和推动下，桑珠孜区在西藏自治区内率先实现了 3–6 岁儿童入园率 100% 的壮举。该区参照乡村振兴专干标准，招聘大学生教师充实乡村学前教育，招聘 125 名大学生教师充实乡村学前教育，实现了幼儿园大学生教师配备率 100%。2021 年 5 月 30 日，由山东爱心企业和爱心人士捐助新建改造的 28 所幼儿园全部完工交付使用，实现小规模乡村幼儿园标准化建设 100%。

学前教育"三个 100%"的实施，从根本上改变了桑珠孜区学前教育薄弱的状况，为西藏乃至中西部偏远地区学前教育提供了可借鉴、可复制、可推广的新模式，实现了"十四五"规划中关于学前教育入园率的目标，探索出一条符合西藏当地实际的特色之路。

（3）**青岛小学**

青岛出资 6000 多万援建的日喀则市桑珠孜区青岛小学

桑珠孜区青岛小学由青岛第九批援藏工作组投入资金 6000 万元建设，该校于 2021 年 6 月开工，2022 年 7 月竣工。它主要是为了缓解日喀则市城区学位紧张的状况，改善城区现有小学超负荷办学的局面，优化桑珠

孜区教育资源的整合而建设的一所标准化小学。学校占地面积 16000 平方米，建筑面积为 9598.41 平方米，共设有 18 教学班，可容纳 810 名学生就读。

2023 年，青岛市第十批援藏组再次投入 1100 万元，对青岛小学进行全方位校园文化建设。这一过程中，爱国主义教育、民族团结教育、科技教育、艺术教育、国际视野教育的元素融入校园文化中。同时，学校还建设了 VR 实验室、人工智能实验室、科学教室、微机教室、录播教室和音乐教室，旨在打造一所校园文化氛围浓厚，又充满特色的现代化、信息化的学校。

青岛援藏投资援建的日喀则市青少年科学院（2022 年建成）

（4）日喀则市青少年科学院

针对桑珠孜区乃至日喀则市中小学素质教育场地缺乏、课程资源短缺、活动开展不足的问题，2021 年，青岛第九批援藏工作组投资 7300 万元建设桑珠孜区青少年科学院，项目占地 29000 平方米，建筑面积 12683.07 平方米，不仅是西藏自治区首座青少年科学院，也是青岛援藏单体投资最大的一个设施项目。2022 年，青岛第十批援藏工作组启动

青岛援藏投资援建的日喀则市青少年科学院（2022 年建成）

桑珠孜区素质教育提升工程，从文化建设、课程建设、师资建设、功能室建设等多方面对青少年科学院进行了全面打造。根据西藏自治区的特点，工作组创新了素质教育的模式，提出了采取"三集中"（集中师资、集中设备、集中课时）的模式开展中小学生素质教育。同时，建设"1+6+N"素质教育课程体系，围绕一个核心，设立六个中心，包括海洋科普教育中心、人工智能体验教育中心、生命安全教育中心、国防教育中心、生态环保教育中心以及中华传统文化教育中心。这一体系自 2024 年起面向桑珠孜区中小学生开放启用，使桑珠孜区中小学在全自治区起到示范引领作用，并打造具有桑珠孜区特色的素质教育品牌。

（三）淄昂宏图，"一体两翼"

昂仁县，被誉为西藏的"藏戏之乡"，位于日喀则市西北部，紧邻雅鲁藏布江上游，恰好位于冈底斯山脉中轴线上，其地理位置大致为北纬 29.17–31 度，东经 87.14–87.75 度。全县下辖 17 个乡镇，总面积 3.96 万平方千米，县域平均海拔高达 4513 米，气候干旱少雨、复杂多变，在山东对口援助的 5 个县市中其海拔最高、环境最恶劣、条件最艰苦。

淄博市自对口援助昂仁县以来，积极行动，多方筹措资金，加大教育设施建设和改善，具体包括：

第一批援建积极筹措资金，投入 110 万元用于新建改建淄博希望小学、达居乡淄博希望小学等 12 所农牧区小学，确保适龄儿童入学率达到 76%。

第二批援建继续对教育事业的支持，先后投资 100 多万元，用于建设桑桑小学、卡嘎小学、秋窝小学等学校基础设施及淄博希望小学的二期工程。

第三批援建教育投资达 400 多万元，新建了昂仁县中学，扩建了多白乡完全小学并援建 5 所牧区希望小学，新增和改造校舍面积达 1 万多平方米。

第四批援建协助昂仁县顺利通过地区"普六"验收，并为"普九"达标奠定基础，投资 100 多万元，用于 3 所农牧区小学、昂仁中学三期工程及昂仁第一所希望幼儿园建设。

第五批援建争取到国家及自治区、地区教育投入 3000 多万元，并配套部分援藏资金，建设了包括县中学教学综合楼、教师宿舍、学生公寓、学生餐厅等一系列设施，包括达居乡第二小学、亚木乡教学点、县职业中专学生宿舍和餐厅、宁果乡希望小学、牧区等 18 个教学点。

第六批援建协助昂仁县顺利通过国家"两基"验收，投资 550 万元建设县实验幼儿园、青少年活动中心等项目。

第七批援建投资 150 万元，实施县完全小学校园附属工程建设项目。

第八批援建投资 650 万元，建成卡嘎镇小学、达居乡小学、县完小、桑桑镇小学、秋窝乡小学塑胶运动场地，积极改善县乡学校基础设施建设。

第九批援建投资 2000 多万元，建设县中学多媒体教学楼，实施 4 个乡镇小学运动场建设，接续接力实现农牧区乡镇小学塑胶化全覆盖。

第十批援建总计投资 3297 万元，涵盖昂仁县二小体育场提升工程、农区小学校舍全覆盖改造工程、县中学教学辅助用房建设工程等 12 项教育援藏基建工程，建筑面积 15312 平方米，建设 165 套教学辅助用房，购置实验室设备和云桌面计算机教室设备，新建塑胶运动场地及附属工程，极大地改善了当地教育条件。

淄博教育援藏，从改善办学条件着手，为教育公平而努力，切实激发了雪域高原教育教学的生机活力，让受援县区所有孩子有学上、能上学，让先进的教育理念有落地生根的着力点。

【工作纪实】淄博教育援建重点项目

（1）昂仁县淄博希望小学

该项目是由淄博市第一批援藏干部负责建设的，于 1995 年 9 月 10 日破土动工，淄博市各界捐助了 28 万元建设资金。当时淄博希望小学位于淄博公园对面，其主要建筑为两排平房，招生规模为 300 人。30 年前

1995 年 9 月 10 日，淄博希望小学开工奠基

的昂仁县由于经济、环境等各方面原因的制约，教育水平、办学条件都还十分落后。当淄博市第一批援藏干部抵达昂仁的时候，全县没有一所像样的小学，招生情况、入学率等均不够理想。面对这种情况，援藏干部把发展教育列为县委、县政府的一项重要工作，力争建成几所高标准学校。这所当时昂仁最好小学的建成，极大促进了当地教育的发展。

（2）昂仁县实验幼儿园

2012 年 7 月，淄博援建昂仁县实验幼儿园建成使用

该项目是由淄博市第六批援藏工作组援建，于2011年7月开工建设，总投资 400 万元，建筑面积 1500 平方米，占地面积为 8074 平方米，设计规模 6 个教学班，包含教室、餐厅、宿舍、室内活动房、办公室等功能设施。

2012 年 7 月，实验幼儿园建成并投入使用，成为昂仁县第一所功能完善、设施优良的全日制实验幼儿园。实验幼儿园既是昂仁县幼师培训基地，培训了许多优秀幼儿教师，也是幼儿教育示范基地，有效带动了全县学前教育管理、教学、保育等各项工作稳步提升。

（3）昂仁县中学多媒体教学楼

2021年10月，淄博援建的昂仁中学多媒体教学楼建成

　　该项目由淄博市第九批援藏工作组投资 1300 万元建设，于 2021 年 4 月开工建设，2021 年 10 月全面竣工。该项目建筑面积 2488 平方米，主体建筑为 4 层，包括学术报告厅、音乐室、书法室、美术室、实验室、多媒体教室等功能室，铺装花岗石 1280 平方米。该项目的建成，促成了昂仁县多媒体现代化教学的全面展开，全面提升了学校教育教学现代化水平和学生的综合素质。同时，学校结合多媒体教学实施"中华传统文化进校园""红色文化进校园"等项目，有助于培养学生的现代化教学辅助设备实践操作能力。

（4）昂仁县中小学辅助用房和课桌椅全覆盖

　　该项目由淄博市第十批援藏工作组在深入基层学校调研的基础上确定，投资 3409 万元建设，于 2023 年 5 月开工建设，并于 2024 年 8 月全面竣工。该项目包括昂仁县中学 2 栋 4 层、72 套、建筑面积 2666 平方

2024 年 7 月，昂仁县中学教学辅助用房建成使用

米和 9 所农区小学 93 套、建筑面积 2646 平方米的教职工宿舍，同时结合教师实际需求配套建设小型阳光房、整修篮球场、购置净水设备等辅助设施，对中小学 3700 套破损课桌椅进行了全部更换。通过实施中小学辅助用房和课桌椅全覆盖项目，极大地改善了昂仁县中小学师生工作、学习、生活条件，营造出"安居方能乐教、乐教方能优教"的良好氛围。

（四）烟聂情深，跨山越海

聂拉木县是西藏的边陲明珠，地处祖国西南边陲，在喜马拉雅山脉与拉轨岗日山脉之间，是西藏自治区边境县之一。全县土地总面积 8684.39 平方千米，属农、牧、林综合性的半农半牧县。全县下辖 5 个乡、2 个镇、45 个行政村（居委会），居民 1.4 万余人，其中有 500 余名夏尔巴人。县城驻地聂拉木镇，为全县的政治、经济、文化中心。

自 1995 年开始，聂拉木县经历暴雪、泥石流、滑坡、地震、冰湖溃堤等多次灾害。烟台市历批援藏干部持续对聂拉木县教育的大力扶持，先后投入资金 7000 余万元，用于建设、修缮聂拉木中学、聂拉木县中心小学、乡镇中心小学及幼儿园，改善了教育基础设施滞后的状况。此外，通过实施智慧校园工程、校园水净化工程、教育人才帮扶以及优秀学生赴内地游学等多种方式，稳步提升聂拉木教学水平，教育事业呈现出蒸蒸日上的态势。

【工作纪实】烟台教育援建重点项目

（1）聂拉木县相关学校建设

烟台市第一批援藏工作组投入资金 207 万元，用于援建聂拉木县希望中学教学楼和教职工宿舍楼，结束聂拉木县城没有中学的历史。同时，工作组还投资 80.5 万元新建 3 所、扩建 2 所乡镇中心小学和 3 所乡村

烟台援建的聂拉木希望中学

第三篇　鼎力相助，极大改善日喀则办学条件

2018 年 8 月，聂拉木中学建成使用

小学。烟台第四批援藏用于教育配套资金 365 万元（资金 125 万，物资 240 万元）。在 2011 年至 2012 年间，投资 600 万元建设聂拉木县学前双语学校。第三批援藏干部投入 50 万元为聂拉木县盖了一所现代化的幼儿园——烟台幼儿园。2011 年，第六批援藏干部投入 450 万元建设聂拉木县双语实验学校，使聂拉木的教育设施更加完善。在援藏干部的积极联络和推动下，烟台教育局投资 30 万元，为聂拉木中学每位老师提供一台笔记本电脑，并为每个教室配备一套多媒体设备，使远程教育等电子化教学手段得到顺利实施。

（2）聂拉木县聂拉木镇中心小学改扩建

该项目于 2019 年 9 月 10 日开工建设，并于 2020 年 10 月 10 日全面竣工。由烟台援藏工作组援建，总投资 1200 万元。援藏干部把发展教育列为县委、县政府的一项重要工作，多方争取资金投入，着力改善教育设施和办学条件，对聂拉木镇中心小学教学楼进行改建，将原来砖混结构的教学楼改建成了 4 层楼的教学楼，并命名为"启蒙楼"，极大地推动了学校基础设施建设，为广大师生提供了温馨的工作学习环境，有力

促进了聂拉木县教育事业的快速发展。

（3）聂拉木县中学录播室改造工程项目简介

　　该项目于 2011 年 7 月开工建设，同年 10 月全面竣工。由烟台市援藏工作组援建，总投资 200 万元，对原有计算机机房进行维修改造，并购置云桌面计算机教室设备，提升了聂拉木县中学教师信息化教育水平和学生电脑操作的综合能力，为学校的信息化奠定了坚实基础。

（4）聂拉木县乃龙乡中心小学操场升级及幼儿园改造

该项目于 2020 年 4 月开工建设，同年 10 月全面竣工。由烟台市援藏工作组投资 400 万元建设，修建了学生风雨操场、塑胶操场及附属设施，为学生们提供了宽敞、安全、舒适的室外活动场地，学生们告别了尘土飞扬的操场。

（5）聂拉木县智慧校园互联网工程

该项目于 2023 年 7 月开工建设，同年 12 月全面竣工。由烟台第十批援藏工作组投资 300 万元，全面实施了聂拉木县智慧校园互联网工程项目，对 8 套监控电视墙及近 600 个监控点位进行全面升级改造，覆盖了学校教学楼、操场、宿舍楼等关键区域，建立了统一的智能监管平台，从而实现了校园数字化安全管理。新系统的特点不仅在于广泛的覆盖面和多样化的功能，更体现在其智能化的操作和高效的警示系统上。同时，该系统还具备出色的兼容性，可以与公安、应急等多个重要系统进行无缝对接。另外，校园还引入了智慧用电系统，通过森盾电气火灾隐患监测系统，对校园电气线路进行全面实时监测，及时发现并处理安全隐患，从而为师生提供更加安全的学习和生活环境。这一项目的成功实施，为聂拉木县各校园构筑了坚固的安全防线，有力提升了学校的管理与安全水平。

（6）聂拉木县教研中心维修改造

该项目于 2023 年 6 月开工建设，同年 11 月全面竣工。由于聂拉木县教育局教研室工作人员无固定办公场所，为正常开展教育教学研究工作，只能暂借聂拉木镇中心小学办公楼作为临时办公场所，人员出入流动性大，给学校校园安全工作带来极大的隐患。为进一步改善聂拉木县教育局教研室人员办公环境，提升全县教育教学研究能力，完善教育局基础设施建设，烟台第十批援藏工作组投资 200 万元，全面实施了聂拉木县教研中心维修改造项目。该项目的实施有效缓解了聂拉木县教育局教研员办公空间紧张的问题。

2023年11月，建成后的聂拉木县教研中心

（五）鸢飞南木，爱洒湘河

南木林县位于湘河之畔，日喀则市东北部。该县地势东北高、西南低，南北两面山峦起伏，南部有宽窄不一的河谷平原，中间有一条从北到南的蛇形狭窄"走廊"。南木林县属于高原性内陆干旱气候区，太阳辐射强，昼夜温差大，干湿季明显。全县总面积为0.811万平方千米。

潍坊市自2002年对口支援南木林县以来，坚持民生导向，聚焦于基层群众直接受益、广泛受益、长期受益的目标，立足南木林所需，潍坊所能，全力构建现代教育新体系。20多年来，潍坊援藏工作组坚持一茬接着一茬干的优良传统，累计投入资金2亿多元，帮助南木林县新建校舍、采购各类教学物资，改善教学办学条件；先后共组织216名教育系统人才赴内地考察学习，先后共组织386名南木林县中小学生赴山东开

展夏令营活动。截至 2024 年，南木林县所有中小学已实现塑胶运动场全覆盖和孔子学堂全覆盖。

【 工作纪实 】潍坊教育援建重点项目

（1）南木林县职业技术培训中心

潍坊市第四批援藏工作组积极争取资金 300 万元，用于南木林县职教中心改扩建，打造出了县职教中心的特色专业，并建立了第二实习基地——米如村教育教学实习基地，增加温室大棚 60 个，占地面积 40 余亩。2014 年，潍坊市第五批援藏工作组投入 500 万元，新建了建筑面积 1850 平方米的南木林县职教中心学生宿舍楼。2022 年，潍坊市第七批援藏工作组总投资 1419 万元，为职业技术培训中心院内新建 1076.61 平方米学生餐厅、新建 1532.7 平方米教学楼 2 栋、新建 1145.32 平方米教工宿舍、新建 1419 平方米篮球场、新建学校大门等附属工程。

（2）南木林县潍坊小学（县第二完小）

　　南木林县第二小学（潍坊小学）是潍坊援藏20年来单体项目投资最多、建筑体量最大的民生项目。2021年开工建设，占地面积43000平方米，总投资7524万元，其中，潍坊援藏投资3899万元，国家投资3625万元。学校建有教学用房、教工宿舍、学生宿舍、体育场所、学生食堂等主体建筑9栋，于2023年2月正式投入使用。学校以"创现代化一流学校，办规范化优质教育"为办学宗旨，聚力打造成为南木林县乃至日喀则市标准化、规范化示范性学校。

（3）南木林县茶尔乡希望小学

本项目主体工程包括新建一座运动场（含主席台）、学生宿舍、风雨操场、学校大门、校内主干道等附属工程，总投资1090万元，很大程度改善了该乡学校办学条件，提供了良好的生活学习环境，让茶尔乡的学生不用走出乡镇就能有良好的教育条件，让茶尔乡基础教育办学水平更上一个台阶。

（4）南木林县小学塑胶运动场全覆盖项目

潍坊市第八批援藏工作组入藏后，深入全县所有中小学进行调研，发现学生特别喜欢踢足球，但是县城有14所小学是沙土操场，甚至有裸露的鹅卵石，很多体育活动不能安全有效地开展。工作组在充分论证的基础上，投资3000多万元，实施中小学塑胶操场全覆盖项目，建成后将极大改善学校开展体育活动的条件。

（5）孔子学堂

为进一步弘扬中华优秀传统文化，传承孔子教育思想，增强潍南两地的文化交流，实现全县中小学孔子学堂全覆盖，加快推进南木林县中、小学（幼儿园）孔子学堂规范化建设及中华优秀传统文化进校园工作，潍坊市第八批援藏工作组投资 300 多万元，实施南木林县"孔子学堂"示范点建设项目和南木林县小学学校设施设备配套项目。

南木林县作为日喀则市人口大县，潍坊援藏工作组始终把教育援藏摆在优先发展位置，全力推进南木林县教育事业高质量发展。2023年，工作组紧扣受援地实际，创新地构建了"1+1+1+X"教育结对帮扶工作机制，搭建潍南两地教育系统更大范围、更宽领域、更深层次的帮扶平台，拓宽社会资源帮扶渠道，持续加强交流合作，助推"教育大县"向"教育强县"转变。2023年，南木林县中考单项成绩位居全市首位，小考成绩取得历史性突破。2024年，小考成绩再次实现历史性突破，跃居全市前列。

三、重点突出，援建项目推动教育高质量发展

（一）支援日喀则第一高级中学，勇做高中教育"领头雁"

日喀则市第一高级中学是一所全日制高级中学，学校始建于1953年，原名日喀则中学，于1995年更名为日喀则地区高级中学；2000年更名为日喀则地区第一高级中学；2014年6月，正式更名为日喀则市第

1955 年，陈毅副总理在格萨尔拉康小学（现山东援藏受援学校日喀则市第一高级中学）留影

一高级中学；2019 年 8 月，学校被评为西藏自治区示范高中。

在 64 年的发展历程中，在党的教育方针的指引下，在中央系列西藏工作座谈会的关心下，以及各级党委、政府和教育主管部门的关怀下，特别是在山东省"组团式"教育援藏的正确引领下，历代"一高"（日喀则市第一高级中学）人辛勤付出，取得了显著的办学效益和优异的办学成绩，赢得了上级部门、社会各界尤其是学生家长的肯定与好评，学校先后获得全国"五讲四美、为人师表"先进单位、全国"五四"红旗团委、

山东省教育厅向日喀则地区第一高级中学（现日喀则市第一高级中学）捐助 100 万元的教学设备

自治区"民族团结"先进集体、"全区先进基层党组织"、"全区教育系统先进集体"、"全区法治示范学校"、"亚运足球梦想学校"等荣誉。

在山东"组团式"教育人才援藏团队的引领下，学校不断改善办学条件，修建了综合实验教学楼、图书科技楼、现代化操场等基础设施，极大地改善了学习条件。学校引进内地先进管理模式和教学方式的同时，不断推进高效课堂建设及校园文化发展，援藏管理团队与当地管理干部共同配置"双引擎"式校级管理团队，加强了学校管理，本地教师从援藏教师身上也学到了内地先进的教学方式和教学经验，学校教学水平进一步提高。"智慧校园"建设的进行也使学校的软硬件设施更加完善，实现了从传统化教育教学到信息化教育教学的转变，极大地提高了教学效率与质量。

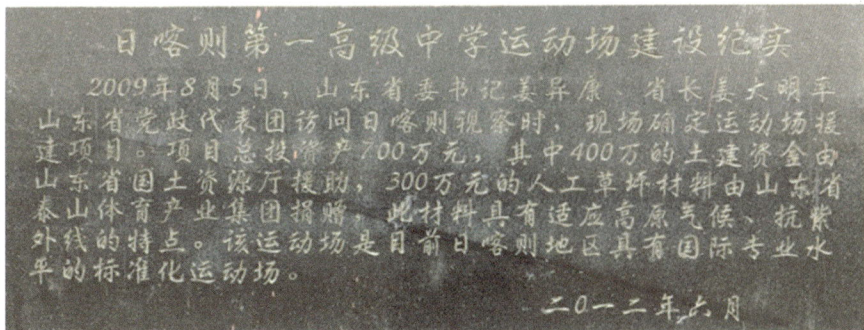

日喀则第一高级中学运动场建设纪实

2009年8月5日，山东省委书记姜异康、省长姜大明率山东省党政代表团访问日喀则视察时，现场确定运动场援建项目。项目总投资产700万元，其中400万的土建资金由山东省国土资源厅援助，300万元的人工草坪材料由山东省泰山体育产业集团捐赠，此材料具有适应高原气候、抗紫外线的特点。该运动场是目前日喀则地区具有国际专业水平的标准化运动场。

二〇一二年六月

作为自治区一所示范高中学校，日喀则市第一高级中学把边境地区青少年的学习作为一项重要工作来抓，专门制订边境地区青少年学习、生活帮

扶计划，班主任在管理班级时也积极给予学生帮扶和特别关注，边境地区青少年的学习和生活得到了很大改善，教务处也随时督促帮扶计划的落实。

如今的日喀则市第一高级中学以现代化的教室设备、信息化的教学管理、雄厚的师资力量、精湛的教育教学水平屹立于雪域高原，学校的办学规模不断扩大，办学质量不断提升，已然成为藏区莘莘学子向往的学府和成长的沃土。

2017 年 3 月，第二届"齐鲁援藏助学基金"捐助仪式

（二）高标准建成和管理日喀则齐鲁高中

日喀则市齐鲁高级中学项目位于日喀则经济开发区，总投资 2 亿元，占地 70000 平方米，是山东援藏"十三五"规划确定的重点项目，也是山东援藏历史上单体投资最大的基础设施建设项目。建设内容涵盖教学

楼、综合楼、实验楼、宿舍楼、食堂、体育馆等，总建筑面积 35000 平方米，建设工期 1 年半。学校设计规模 3 个年级、30 个教学班，配备 120 名教师，可容纳 1500 名学生，有效缓解日喀则高中阶段学位紧张的问题。学校 2023 年正式投入使用，当年被评为西藏自治区示范高中，先后获得"日喀则市民族团结进步模范学校"等多项荣誉。

走进教学楼，一间间教室宽敞明亮，配有崭新的桌椅，每间教室还配备了智能黑板。实验设备先进，有力地支持学生全面发展。生物、化学、物理、技术实验室等都配备了先进的教学设施设备。通过将传统教学实验和现代技术深度融合，为学生提供学习、实践、探究、创新于一体的多元化学习空间。此外，学校还建有多功能报告厅、录播室、心理辅导室、舞蹈教室、音体美等功能教室，对发掘培养学生各项兴趣爱好和学生全面发展起到重要作用。从设施、设备方面，学校既符合日喀则教育高质量发展的需要，又适应未来西藏新高考改革的需求；从人才管理方面，山东选派第十批"组团式"援藏教育人才 12 名，包括优秀管

2022年7月，西藏自治区教育厅党组书记杜建功考察山东援建的日喀则市齐鲁高级中学建设情况

2023年6月，时任山东省委常委、常务副省长曾赞荣（右二）率领山东省党政代表团考察调研日喀则市齐鲁高级中学

理干部和专任教师开展结对帮扶，助力学校快速发展。

作为山东省援藏项目，学校在设计中坚持教育基础设施建设与人才智力支持统筹一体推进。根据山东省委的指示要求，谋划推进实施集团化办学，打造日喀则市齐鲁教育集团，实现优质教育资源共享，帮助学校提升办学质量和教学成绩，助推日喀则教育高质量发展，打造日喀则齐鲁教育品牌。

2021年9月，日喀则齐鲁教育集团揭牌仪式

学校教学成绩优异。2023年高考，日喀则齐鲁高中取得了文科成绩全市第一、综合成绩全市第二的成绩。考生共539人，总体上线率100%，494人超过本科分数，本科上线率91.65%，223人超过重点本科分数线，重点本科上线率41.3%。特别是文科成绩尤为突出，文科本科上线率92%，重点本科上线率高达66.3%。

学校生活环境舒适，有力保障学生健康成长。学校按照6人标准建有宿舍楼4栋，宿舍258间（包括无障碍宿舍4间），每楼层设置有洗澡间、洗衣房、热水间，为学生提供了齐备的生活设施。学校建有餐厅3个，满足了全体师生同时就餐的需求。

2023年5月，西藏自治区教育厅党组副书记、厅长党静带队到山东援建的日喀则市齐鲁高级中学调研指导工作

　　齐鲁高中坚持德育与艺术并重，科技与文化同行，探索多种培养方式，努力为学生的全面发展创造条件。学校开设有美术绘画社团、书法社团、足球社团、融媒体社团、舞蹈社团、锅庄社团、堆谐社团。丰富多彩的社团课程和艺术活动，不仅丰富了学生的校园生活，也锻炼了学生的能力，为学生提供了展示自我的平台。

　　学校将"鲁藏同心"作为自己的核心理念，积极创建民族团结进步示范学校，先后获得了"日喀则市教育系统民族团结进步模范学校""日喀则市教育系统民族团结进步模范班级"等荣誉，全校师生真心与共，民族团结之花必将开遍雪域高原。

（三）持续支持相关学段水平提升

　　山东援藏坚持教育优先发展战略，始终将不低于30%的援藏资金用于教育，新建和改扩建市、县（区）、乡各类学校和幼儿园。仅最近3年即投入了5.3亿元，实施项目260余个，当地学校办学条件得到了

显著改善。

【 工作纪实 】江当乡雷贵村幼儿园

　　日喀则市江当乡雷贵村，2020 年前还没有一所像样的幼儿园。如今，这里有宽敞明亮的教室、多样的游玩项目、趣味的教学设施……来到西藏自治区日喀则市桑珠孜区江当乡雷贵村幼儿园，孩子们正在老师的带领下背诵《三字经》、表演节目《黑眼睛》。

　　山东第九批援藏工作队在日喀则桑珠孜区，先后帮助 12 个乡镇新建了 28 所幼儿园，雷贵村幼儿园就是其中之一。现在，22 名儿童在两名专职老师悉心呵护下快乐成长，雷贵村适龄儿童入园率达到 100%。

　　幼儿园教室的一面墙上，3 张图片展示着幼儿园的"曾经"和"现在"。据了解，雷贵村幼儿园曾借用老村委会办园，房屋破旧不说，遇上刮风下雨天气，还漏雨透风。

雷贵村幼儿园的"曾经"和"现在"

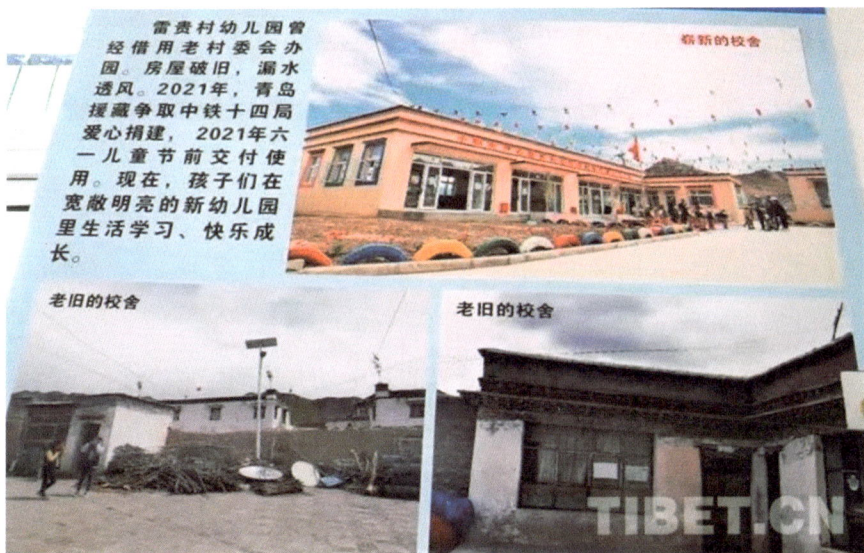

2021年六一儿童节前夕，由青岛市第九批援藏工作队筹建、中铁十四局集团有限公司捐建的雷贵村幼儿园建成并交付使用，老师和家长们再也不用担心教室漏雨的问题了。

同一批交付使用的，还有其他27所标准化乡村幼儿园。加上另外两所已完成改造的、前几年捐建的幼儿园以及3所财政投资的幼儿园，共计33所幼儿园。山东青岛援藏组在桑珠孜区提出的实施学前教育"三个100%"（3-6岁儿童入园率100%，乡村幼儿园大学生教师配备率100%，乡村幼儿园标准化建设100%）工作目标基本完成，西藏学前教育高地正在打造。

2022年"六一"，雷贵村幼儿园建成后的第一个儿童节。

针对调研中发现的问题，桑珠孜区参照乡村振兴专干标准招聘大学生，充实乡村幼儿园师资队伍。125名大学生到岗，实现了乡村幼儿园大学生教师配备率100%。

孩子们有学上了，但有一些像雷贵村老幼儿园的场所存在一定的安全隐患，山东青岛援藏组想为他们建设标准的幼儿园。西藏广袤的农牧区有着地广人稀的实际情况，如果按照国家标准建设幼儿园，学生规模达不到，资金方面投入也很大。援藏队员们又参照国家标准，制定西藏小规模乡村幼儿园建设标准。这样既保证了功能上满足国家规范要求，又使每所幼儿园的建设费用从 200 多万元降至 60 万元左右。

2020 年，山东青岛援藏组积极争取爱心企业和社会力量捐资助学，累计筹资 2000 多万元，为桑珠孜区建设了 28 所标准化幼儿园。得知村里要建幼儿园，群众都很支持。桑珠孜区曲美乡仁青林村村民旺久把自家的地都拿出来了。他说，村里建幼儿园是好事，一定要支持。

在雷贵村幼儿园，孩子们主要接受社会主义核心价值观启蒙、民族团结一家亲、"五个认同"、国家通用语言文字、健康身心养成等五项教育。在老师们的悉心教导下，孩子们时不时给家长们"惊喜"：学会了数数、认识了颜色、学唱了儿歌……

"孩子回家还要给我们表演幼儿园学到的新东西。"雷贵村村民普尺有 4 个孩子，老大没有上过幼儿园，老二是在老幼儿园读的，老三现在在新幼儿园学习。普尺说，家里到幼儿园只有三四分钟的路程，很方便，孩子送到幼儿园学习，自己也能安心做生意了。

在山东青岛援藏组的帮助下，桑珠孜区正在实施学前教育集团化办学模式探索。以城区 9 所优质幼儿园为核心，每所核心幼儿园分别托管 10 所左右的乡村幼儿园，组成教育集团。每个集团与青岛两到三所幼儿园签订合作帮扶协议，构建当地城乡纵向联合，与青岛两地横向协作的集团化办学模式。

山东援藏投资援建的日喀则齐鲁幼儿园（2015 年建成）

山东援藏投资援建的
日喀则地区幼儿园
（现日喀则市实验幼
儿园）教学楼等建
筑（2000 年建成）

山东济南援藏投资援
建的白朗县幼儿园教
学楼（2009 年建成）

【工作纪实】基础教育援建

山东援建的白朗县繁森希望小学

山东援藏投资援建的日喀则市齐鲁小学（2019 年建成）

辐射引领，助力打造受援地师资队伍

山东聚焦团队建设，选派优秀教师队伍"组团式"援助日喀则市第一高级中学、第二高级中学、齐鲁高级中学、白朗县中学等学校。援藏管理干部担任受援学校校长、副校长和学校中层职务，与当地管理干部形成"双引擎"管理团队，援藏教师与当地教师构建起"团队带团队、骨干带骨干"的传帮带模式，培养学科带头人、骨干教师500多名。同时，聚焦教师培训，大力实施受援地教师能力提升工程。组织了8期各为期1年的日喀则骨干教师培训班，骨干教师赴山东知名学校集中培训和跟岗锻炼，受训教师达165人。组织短期赴内地交流培训，受益教师2500多人。通过"请进来、走出去、网上联"等方式，组织齐鲁名师、名校长和名班主任等优质资源，积极开展年度送培送教工作，累计下乡60多场，受益师生8万多人次。聚焦数字赋能，深化师生数字素养提升，强化优质数字资源共建共享。多次组织内地教育信息化专家赴藏指导和授课，借鉴内地经验，支持日喀则教育数字化转型规划发展。用好"一根网线一块屏"，购置优质数字资源和服务平台，对接山东有关学校、公益机构，在乡（镇）中小学列入课表常态化开展美育、科学等课程的同步双师课堂，让边远地区孩子享受到全国优秀师资授课。2023年，山东率先实现优课资源平台与西藏教育珠峰旗云平台成功对接，山东21.8万节省市级优课资源向日喀则所有师生全面开放。

一、管理提升，打造"双引擎"模式

山东省"组团式"教育援藏团队采用援藏管理干部与当地干部共同配置，组成"双引擎"式校级管理团队。援藏干部与本地干部结对帮扶，合作分管教学、教研、德育、总务、工会等方面工作，"双引擎"运行，大大提高了学校行政管理工作的效率和质量，促进了受援学校管理水平的提高。

【工作纪实】"援藏干部＋本地干部"班子建设

通过援藏管理干部和本地管理干部的交流交融，明确职责分工，校级管理干部各司其职，推行领导干部"一线工作法"，重视学校中层干部队伍建设，强化干部管理和培养，利用山东与日喀则"结对共建"平台，充分发挥管理人员特长，采取"走出去，请进来"的方式，学校每学期、每学年定期委派管理干部赴山东相关优秀学校学习，将优秀的管理经验引入受援学校，促进管理水平的快速提升。

日喀则市第一高级中学召开校长行政办公会暨中层干部例会

日喀则市第一高级中学党委召开中层干部以上人员政治理论学习会

日喀则市齐鲁高级中学召开校长责任制下的新学期德育工作联合研讨会

第四篇　辐射引领，助力打造受援地师资队伍

2018 年 5 月，山东省委原书记刘家义率山东省党政代表团莅临日喀则市第一高级中学调研援藏工作，对山东援藏"双引擎"模式和援藏教师工作成绩予以充分肯定

　　"双引擎"班子建设，可以最大限度地发挥援藏管理干部和本地管理干部各自优势，彼此取长补短。今后，这项工作将继续深入扩展，援藏管理干部将继续把内地学校优秀的管理经验引入第一高级中学，本地管理干部发挥了解本地实情、善于沟通的优势，共同打造和谐文明团结进步的第一高级中学。同时，加大培养年轻干部力度，为第一高级中学可持续发展注入新鲜血液和青春活力。

【 工作纪实 】"援藏教师 + 本地教师" 教师队伍建设

　　2016 年以来，山东省已先后选派 3 批教师到西藏日喀则市第一高级中学实施"组团式"援藏对口帮扶，其中第一批 50 人、第二批 50 人、第三批 32 人。援藏教师队伍以"敬业、勤业、专业、立业"为目标，加强教师队伍建设。援藏队伍全面实施八千里路师徒情"青蓝工程"，

开设教学示范课，强化落实"双备课组长制"模式，开展与内地学校联合教研等方式，以"团队"带"团队"、"骨干"带"骨干"，发挥援藏教师示范引领作用。援藏队伍加强"日喀则市名班主任工作室"建设，创新"感恩付出、感念至善"班主任节、班主任工作论坛、班主任主题班会大赛等活动，发挥援藏教师的模范带头作用，提升班主任队伍的育人能力。为充分发挥党支部的战斗堡垒作用，援藏教育人才单独成立援藏教师党支部，强化党建促援藏教育；设置文秘宣传组、党建纪检组、教研业务组、综合协调组4个职能工作组，锻造一支凝心聚力、务实勤奋、开拓创新的援藏教师队伍。

2018年11月，山东省第一批"组团式"援藏教师与本地教师共同开展集体备课

2021年4月，山东省"组团式"援藏教师领队、白朗县中学副校长赵珠勇主持"师徒同台'构'精彩"暨优质课评选活动启动仪式

2017 年 5 月，山东省第一批"组团式"教育援藏领队韩东校长（左三）为日喀则市第一高级中学首届班主任节获奖者颁发荣誉证书

2022 年 5 月，山东省第二批"组团式"教育援藏领队薛庆师校长（左一）为日喀则市第一高级中学第六届班主任节获奖者颁发荣誉证书

2023 年 5 月，山东省第三批"组团式"教育援藏领队李豫威校长（右一）为日喀则市第一高级中学第七届班主任节获奖者颁发荣誉证书

2024 年 5 月，山东省第三批"组团式"援藏教师朱晓萌（左六）在日喀则市第一高级中学第八届班主任节荣获"金牌班主任"荣誉称号

2017 年 9 月，山东省第一批"组团式"援藏教师与本地教师举行"青蓝工程"师徒结对仪式

2020 年 10 月，山东省第二批"组团式"援藏教师与本地教师举行"青蓝工程"师徒结对结业典礼

2023 年 3 月，山东省第三批"组团式"援藏教师与本地教师举行第一期"青蓝工程"师徒结对结业典礼暨第二期"青蓝工程"师徒结对启动仪式

2024 年 4 月，山东省第三批"组团式"援藏教师与本地教师举行"八千里路师徒情"2023 年度结业典礼暨 2024 年度启动仪式

山东援藏团队在日喀则市第一高级中学全面实施八千里路师徒情"青蓝工程"，以"团队"带"团队"、"骨干"带"骨干"等方式，发挥援藏教师示范引领作用，培养学科带头人、骨干教师、优秀教育人才和青年教师 100 余人，为受援学校打造了一支有教育情怀、有职业追求、有教学艺术的教师队伍。一批又一批优秀的教育管理干部和教师茁壮成长，接受受援地上级组织安排，担负起更加重大的职责，走向更加广阔的舞台。

【项目成果】山东教育对口援藏成效显著

在山东省委、省政府和各级主管部门倾心倾力援助下，山东教育对口援藏的日喀则市第一高级中学和齐鲁高级中学在学校管理水平、教育教学质量、教研课改创新、教师队伍建设、学生综合素质等方面均得到了显著提升。日喀则市第一高级中学于 2019 年获评西藏自治区首批"示范高中学校"，先后获得"全区教育系统先进单位""民族团结学校""全区群众体育先进单位""自治区校本研修示范校""高中教师教学大赛优秀组织奖""特色教研示范学校""教研教改先进单位""教学质量突出奖"等 10 余项荣誉称号。日喀则市齐鲁高级中学于 2023 年获评西藏自治区"示范高中学校"，建校仅仅两年便荣获日喀则市教育系统"民族团结进步模范学校""绿色学校"等荣誉称号。山东教育援藏工作队先后被评为"日喀则市教育援藏先进集体""日喀则市民族团结进步模范集体""自治区教育系统先进基层党组织"，并荣获山东省援藏干部中心管理组"民生保障先进集体""教书育人先进集体"等荣誉称号。

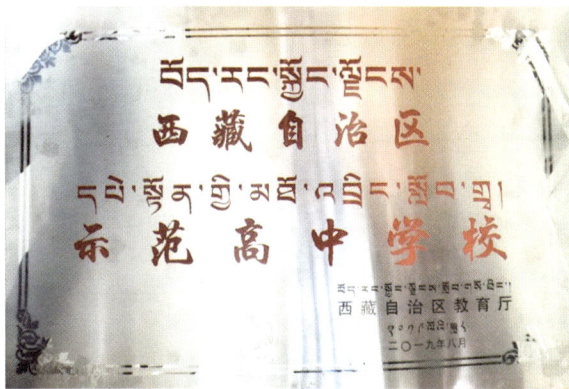

2019 年，日喀则市第一高级中学被评为西藏自治区首批"示范高中学校"

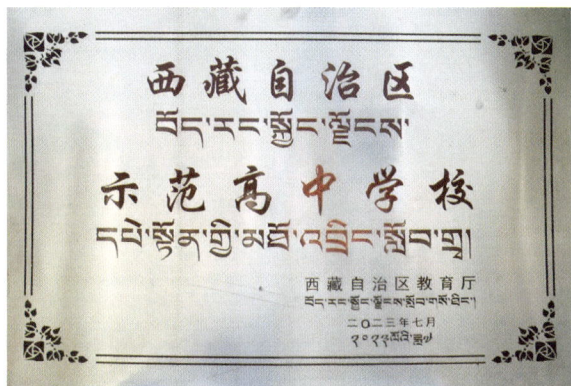

2023 年，日喀则市齐鲁高级中学启用不到 1 年，被破格评为西藏自治区"示范高中学校"

二、辐射引领，开展"送教送培"活动

为深入贯彻落实全国"组团式"支援工作推进会、全区"组团式"援藏工作推进会精神，充分利用"组团式"教育人才的资源优势，辐射带动边疆地区的教育发展，发挥"支援一所学校、示范一个地区"的示范引领作用，自"组团式"援藏开展以来，山东省教育援藏工作队已派多批援藏教师到对口支援地市县区进行"送教送培"活动，援藏教师们不仅带来了先进的教学方法和理念，更与当地教师紧密合作，共同推动了西藏教育的发展。

2017 年 4 月，山东省第一批"组团式"援藏教育人才开展送教下乡活动

2016 年 11 月，山东省第一批"组团式"援藏教师送教观摩课

2021 年 5 月，山东省第二批"组团式"教育援藏工作队赴日喀则市南木林高中开展送教送培活动

2023 年 6 月，山东省第三批"组团式"教育援藏人才领队、日喀则市第一高级中学校长李豫威同志率领队员赴定日初级中学、吉隆县中学、吉隆镇中心小学开展"送教送培"活动

2023 年 6 月，日喀则市第一高级中学李豫威校长为定日县中学作《新时期学校师德师风建设》的讲座

2023 年 6 月，日喀则市第一高级中学德育主任、援藏教师朱英杰为定日县中学初二的学生们开展了《成才三要素》的德育讲座

烟台援藏教师朱晓萌和淄博援藏教师石韶强为孩子们上地理课

青岛援藏教师左朝霞和淄博援藏
教师梁国栋为孩子们上语文课

2024 年 4 月，山东省第三批"组团式"援藏教育人才日喀则市第一高级中学工作队赴岗巴县中学、
萨迦县中学等 4 所学校开展"送教送培"活动

2024年4月，山东省第三批"组团式"援藏教育人才领队、齐鲁高中校长万云同志率领队员赴白朗县各中小学，开展"与爱同行 真情送教"系列送教活动

齐鲁高中济南援藏教师王培坤、淄博援藏教师贾敬貌为孩子们上语文课

山东省"组团式"教育援藏干部人才队伍开展的"送教送培"活动为日喀则边远地区的学校带来了新教学理念、新思维方式、新观点和新方法，激发了受援学校学生的学习兴趣和热情，开阔了他们的眼界，拓展了他们的思维，同时促进了城乡优势教育资源的互通共享，提升了日喀则边远地区的教育教学水平。

三、培智造血，精心组织内地培训

山东教育援藏在做好改善办学条件、选派援藏教师、培养西藏学生等工作的基础上，不断强化援藏的广度深度，协助当地构建高质量的育人体系。尤其是"组团式"教育援藏工作开展以来，以"培智造血"为工作宗旨，依托山东省优质的教育培训资源，精心组织本地教师赴内地培训学习，先后组织 8 批 160 余名优秀干部和骨干教师赴齐鲁师范学院和百余所齐鲁名校，进行为期 1 年的集中研修和跟岗培训，同时，每年分 2 期对幼儿园、中小学校（园）长、管理干部、优秀青年教师等进行短

1985 年 6 月，日喀则地区教师赴山东进修

2001 年 12 月，山东教育学院（现为齐鲁师范学院）举办西藏自治区小学英语教师培训班

2017 年 9 月，山东省教育人才"组团式"援藏项目——日喀则市第二期骨干教师培训班在济南开班

2019 年 10 月，山东省教育人才"组团式"援藏项目——日喀则市第四期教育管理干部及骨干教师赴山东跟岗培训

2020 年 9 月，白朗县中学教师格桑德吉在济南中学跟岗培训

2022年11月，山东省教育人才"组团式"援藏项目——日喀则市第六期青年骨干教师在济南市高新区6所中小学跟岗培训

2023年9月，山东省教育人才"组团式"援藏项目——日喀则市第八期青年骨干教师在齐鲁师范学院参加培训班

2022 年 5 月，日喀则市白朗县教育局举行教学管理者赴山东省济南市跟岗培训出征仪式

2023 年 3 月，日喀则市桑珠孜区教育局副局长土旦加措带领桑珠孜区教育系统干部教师 42 人到青岛市开展跟岗培训

2023 年 10 月，日喀则市聂拉木县优秀教师到烟台鲁东大学和鲁东大学实验小学开展学习交流活动

2023 年 11 月，日喀则市青年骨干教师次仁德吉等 4 名教师在济南高新区春晖小学跟岗培训

2024 年 4 月，日喀则市桑珠孜区齐鲁幼儿园格桑卓拉和仓珍老师在青岛市市南区栖霞路幼儿园跟岗研修

2024 年 6 月，日喀则市实验幼儿园副园长邓婧婧一行 8 人在青岛市实验幼儿园跟岗研修

2024 年 7 月，第三批"组团式"教育援藏人才领队、日喀则市第一高级中学校长李豫威同志率领学校 32 名中层干部和骨干教师团队赴山东五地市开展交流学习活动

期专题培训，截至目前累计到山东接受系统培训的教师已突破 1200 人次，为支持受援地区打造高素质教育管理干部和教师队伍作出了巨大贡献。

四、以省包校，深入搭建交流平台

自 2016 年"组团式"援藏工作正式启动以来，山东教育援藏以"省市包校、结对共建"为基本措施，精心选派 130 余名优秀援藏教育人才对口支援西藏自治区 2 所学校。"组团式"教育援藏工作队以受援学校为中心，延展组团帮扶半径，在西藏自治区率先成立日喀则齐鲁教育集团，吸纳 12 所成员学校，推动了"组团式"教育援藏向"集团化办学"转型升级；深入开展"百校手拉手"活动，促成受援学校与山东省 20 余所优质学校建立结对共建关系；每年组织齐鲁名师、特级教师赴受援学校送教送研，一系列举措为受援学校发展提供了不竭的援助力量。山

东教育援藏紧密结合"西藏所需",积极对接"我之所能",一年开新局、两年出成效、三年上台阶,实现了"支援一所学校、示范一个地区"的总目标,探索出了一条助力西藏基础教育高质量发展的新路。

2017 年 5 月,山东省第一批"组团式"教育援藏总领队、日喀则市第一高级中学校长韩东与烟台十四中、济南回民中学签约友好学校

2021 年 1 月,山东省第二批"组团式"教育援藏总领队、日喀则市第一高级中学校长薛庆师与济南第九中学签约友好学校

2024 年 7 月，山东省第三批"组团式"教育援藏总领队、日喀则市第一高级中学校长李豫威与曲阜师范大学附属中学签约结对合作共建学校

2023 年 6 月，山东省第三批"组团式"教育援藏潍坊领队、日喀则市齐鲁高中副校长谭景柱与潍坊中学签约结对交流学校

2023 年 6 月，山东省第三批"组团式"援藏教师王培坤代表日喀则市齐鲁高级中学
与济南市十一中签约结对交流学校

2023 年 8 月，山东省第三批"组团式"援藏教师朱英杰代表日喀则市第一高级中学
与淄博市高青县一中签约友好学校

2023年8月，山东省第三批"组团式"援藏教师周恒代表日喀则市第一高级中学与淄博实验中学签约结对交流学校

2017年8月，山东省烟台市第十四中学张永芳老师为日喀则高中教师作《高效课堂与班组建设》的专题讲座

2019 年 10 月，山东省教育厅组织齐鲁名师、市级教研员、一线教师赴西藏日喀则市中小学开展送教交流活动，开展公开课、教学交流讲座 176 场，受益师生 2000 余人

2023 年 9 月，首届山东对口支援日喀则学校教育教学管理提升培训班开班典礼

第四篇　辐射引领，助力打造受援地师资队伍

135

2024 年 7 月，第二届山东对口支援日喀则学校教育教学管理提升培训班开班典礼

五、数字赋能，助推数字教育转型

近年来，山东不断加大教育援藏力度，坚持高标准建设，全面改善办学条件；依托"组团式"援藏资源整合的优势，有力提升教育教学质量；强化"培智引领"作用，积极推进鲁藏两地数据平台对接和数字教育合作，全方位、一体化推动日喀则数字教育建设，以数字化转型引领援藏改革创新。教育援藏工作队以新型数字基础设施建设为牵引力量，充分发挥数据要素作用，促进线上线下教育融合发展，推动了教育数字化转型、智能化升级、融合性创新。在数字管理、数字教研、课后服务、学生关爱、课堂变革、课程改革、人才培养等方面取得了显著成效，实现了以大数据驱动课程实施和育人质量的整体提升，通过数字技术赋能，让中西部学生都能享受到均衡而有特色、公平而优质的教育。

（一）推动平台对接，实现资源共享

2023 年 7 月，在山东省教育厅和西藏自治区教育厅的大力支持下，

山东省优课资源平台作为首家与西藏教育珠峰旗云平台对接的省级平台，顺利实现两地平台对接开通。山东全学段全学科21.8万余节省市级优课向西藏日喀则师生全面开放。

山东省优课资源服务平台是山东省教育厅主办的省级优课资源平台，收录了全省中小学、幼儿园全学段省级优课3.6万节、市级优课18.2万节。每节课还包括课堂实录、教学设计、课件设计、评测练习、学情分析、课后反思等10余项子内容。平台为师生提供了优质课例资源库，实现了优课资源的社区化建设和分享传播。

此次鲁藏两地平台对接，打破了地域深度互动障碍，加快了受援学校信息化建设。通过信息化手段开展区域内外学校同步课堂、同步教研、异地授课、师资培训、教学交流等活动，使得优质教育资源"触屏可得"。通过开展优质课、直播课、远程网络教学辐射县乡，形成了鲁藏教育交流共建的长效机制。这一行动是山东聚焦数字赋能教育，全面引入山东优质数字教育资源助推受援地市教育数字化的创新之举，将对日喀则全市教师开展线上教研培训、线上德育交流，学生线上学习等起到

重要辅助作用。

（二）加强数字培训，提升数字素养

为不断提升日喀则市教育系统数字化适应力、胜任力、创造力，山东教育援藏工作队以"数字赋能、资源共享"为主题，通过开设专题讲座、开展平台应用和软件操作培训、组织数字化教学技能竞赛的形式，在受援地市教育系统开展数字素养与技能培训活动，旨在推动全市教育领域数字化转型，提升师生数字素养，为培养适应新时代需求的创新人才奠定坚实基础。培训内容包括国家中小学智慧教育平台和西藏教育珠峰旗云平台应用及其他信息技术能力提升内容，共开设各类专题讲座 10 余场，受益人数达 3500 人次，向受援地师生充分展现了数字教育的魅力与成效，使数字技术融入教学和学习过程，提升师生的数字实践能力，有效地解决了教学工作中的问题。

2023 年 7 月，日喀则市教育信息化示范校优质资源共享工作推进会上进行资源应用培训

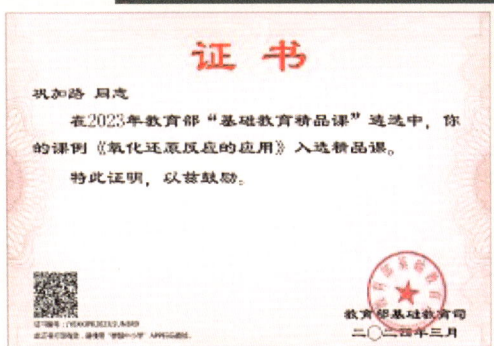

2024 年 3 月，淄博援藏教师、日喀则市兼职教研员巩加路老师的课例荣获 2023 年教育部"基础教育精品课"

2024 年 5 月，济南援藏教师、日喀则市兼职教研员朱辉老师为参加日喀则市第三期主题教研活动的全体教师作《对数字化教研的认识》的专题讲座

（三）建设智慧校园，提高办学质量

为深入落实国家教育数字化战略行动，山东教育援藏以教育数字化转型赋能教育改革创新，加快推动受援地区教育事业高质量发展。教育援藏干部人才运用"互联网+"思维模式，深入推进"学校联网攻坚行动"，落实教育信息化2.0行动计划要求，组织实施教育云网租用服务项目，助力日喀则全市学校实现光端到班，带宽1000M到校、100M到桌面，全面提升学校网络服务质量。"组团式"教育援藏通过各层级信息化建设项目和智慧校园建设项目，让日喀则市中小学多媒体教室配备率达100%、教师拥有教学终端覆盖率达100%。

2015年5月，援藏校长王治玉积极对接山东青岛"国际教育信息化大会"相关资源，空中连线日喀则市第一高级中学，使高原学子能够共享内地专家指导

自从新一批"组团式"援藏教育人才团队来到日喀则市第一高级中学，学校信息化建设便驶入了快车道。2019年12月，总投资1500多万的学校信息化建设工程如期完工，平安校园监控系统、考试指挥系统、

网络广播系统、多媒体视频会议系统等相继投入使用，80余间教室装配智慧黑板和电子班牌，3间高标准计算机机房、2间精品录播教室、创客教室、VR虚拟实验室、数字化心理咨询室、学生心理发展及就业趋向分析评测系统，实现了"优质资源班班通、网络空间人人通"，促进了信息技术与教育教学实践的深度融合。

2020年12月，西藏自治区电化教育馆馆长朱生高一行调研日喀则市第一高级中学数字校园建设应用工作

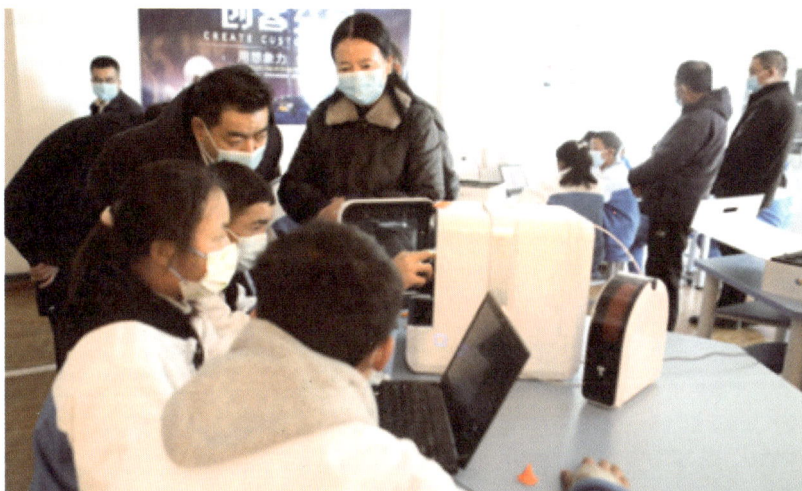

2023年8月，第三批"组团式"教育援藏推进数字化实验室建设，引领数字化实验教研开展。图为日喀则市第一高级中学援藏化学教师王健、地理教师石韶强在数字化实验室授课

　　"组团式"援藏工作的开展，为学校信息化建设和应用水平的提升带来质的飞跃，形成了灵活多样的教学管理和学习方式，教学质量得到显著提升，学校的办学水平和管理模式得到优化，实现了教育过程的全面信息化和现代化，推进了学校信息化的快速发展和跨越式发展。为推动学校教育改革发展，提高教育质量，实现教育现代化，提供了优质、稳定和可持续发展的信息化支撑。

第五篇

内地办学，携手培育民族团结格桑花

山东历来高度重视民族教育工作，作为全国最早开设西藏班的省份之一，自 1985 年即开始举办西藏班。办班以来，山东全面贯彻党的教育方针和民族政策，以铸牢中华民族共同体意识为主线，不断提升西藏班教育教学水平；山东西藏班累计培养学生 7300 多人，目前在校生 1138 人，已形成覆盖初中、高中、中职、特教各学段的高质量西藏班办学体系。近两年来，高中散插班毕业生上线率 100%，初中毕业生升入高中比例 100%。绝大多数西藏班学生毕业后回到西藏工作，成为各单位和各行业的骨干力量。

山东教育持续拓展援藏领域，打通特教学生到山东深造渠道，已先后有 4 批 15 名特殊教育初中毕业生，到济南特殊教育中心接受高中阶段教育，其中已有 9 名学生考入山东特殊教育职业学院等高校继续深造。

一、优越的办学条件

山东高度重视民族教育工作，全面贯彻党的教育方针和民族政策，以铸牢中华民族共同体意识为主线，不断提升西藏班教育教学水平。具体措施如下：

一是做好学生管理服务。稳步推进混班教学、混合住宿，积极推进各族学生分窗口取餐、共同就餐，目前西藏高中班混班教学、混合住宿的比例达到87.1%。大力推行全员育人导师制，帮助学生解决学习、生活、心理、交往等方面的困难。同时，组织开展当地学生与西藏班学生之间互帮互学、结成友好班级等活动，促进西藏班学生融入当地的学习与生活中。

二是加强西藏班师资队伍建设。将西藏班教师培训全部纳入省级师资培训规划，针对其工作特点，突出思想政治、业务能力培训内容。对于专职从事西藏班教育管理服务的教师，按照不超过10%的幅度适当核增绩效工资总量，工作满1学年的教师，在评聘职务（职称）、评选先进时给予倾斜，以提高教师待遇。

三是强化铸牢中华民族共同体意识教育。在初中阶段全面使用《中华民族大团结》教材，开设《中华优秀传统文化》地方必修课程。同时，结合道德与法治、历史、地方课程、校本课程等，做好民族团结课程教学。每年民族团结进步宣传月期间，学校组织举办民族团结进步先进事迹巡回演讲和爱国主义讲座，开展生动活泼的民族团结体验活动，引导各民族学生树立正确的国家观、历史观、民族观、文化观、宗教观，让中华民族共同体意识根植在学生心灵深处。

各级领导对内地西藏学校、西藏班的学子们始终保持着高度的关心

和关注。他们深知这些学子们肩负着传承民族文化、促进民族团结的重任，因此倾注了大量的心血和精力来支持和帮助他们。

中央和省市领导多次亲临内地西藏班视察，与学子们亲切交流，鼓励他们努力学习，为家乡和国家的发展作出贡献。地方领导也定期到内地西藏班调研，了解学子们的学习生活情况，为他们解决实际困难。教育部门更是对内地西藏班给予了特别的关注和支持，制定了一系列优惠政策，为学子们提供更好的学习环境和条件。同时，教育部门还加强内地西藏班的师资力量的培训，确保教学质量和效果。此外，社会各界也积极关注和支持内地西藏班的发展，许多企业和个人纷纷捐款捐物，为学子们提供资助和帮助。这些善举不仅让学子们感受到了社会的温暖和关爱，也激发了他们更加努力学习、回报社会的决心和信心。

2023 年 5 月，省委教育工委常务副书记李明到济南西藏中学调研

2024 年 3 月，西藏自治区人民政府副主席郎福宽（右一）到山东对接教育援藏工作，并到济南西藏中学看望藏族学生

2024 年 2 月，山东省援藏干部到山东特殊教育职业学院和济南特殊教育中心看望在校就读的日喀则籍学生

在各级领导的关心和社会各界的支持下，内地西藏班的学子们正以饱满的热情和坚定的信念，努力学习，茁壮成长，为实现中华民族伟大复兴贡献自己的力量。

2015 年 2 月，济宁团市委领导到济宁卫生学校慰问西藏学生

2021 年 2 月，潍坊市教育局领导春节期间看望潍坊一中西藏班留校学生

教育部委派西藏教育厅内地西藏班管理中心金海处长到泰安二中调研

泰安市教育局领导深入泰安二中西藏班学生家庭家访

2023 年 2 月,淄博市第十批援藏工作组领队朱凯与淄博市教育局相关领导到淄博实验中学为西藏学生送去新年祝福

青岛市卫健委为青岛经济职业学校西藏班学生做肺结核筛查

统战部领导看望淄博实验中学西藏学子

青岛市第十批援藏干部人才组到青岛经济职业学校慰问西藏班学生

第五篇　内地办学，携手培育民族团结格桑花

山东在办西藏班（校）办班情况统计表

序号	类别	学校名称	办学开始时间	在校生数	累计招生数
1	初中	济南西藏中学	1985	498	4509
2	普高	潍坊一中	2002	47	163
3		淄博实验	2003	46	176
4		泰安一中	2005	133	678
5		泰安二中	2011	135	677
6	中职	青岛经济学校	2010	85	313
7		济宁卫校	2010	194	785
合计	–	–	–	1138	7301

【工作纪实】疫情中鲁藏接力 山东西藏班学生返校入学记

2022 年 10 月底，西藏的新冠肺炎疫情已明显好转，学校安全开学复学成为教育系统的头等大事。近 2 万名在藏的西藏班学生需要前往全国各省，这更是全面开学复学工作面临的一大难题。

11 月初，我接到任务，作为总领队护送在藏的山东西藏班学生和在山东就学的大学生乘专列出藏赴鲁返校入学。出行的共有 800 多名学生和 20 多名护送人员，护送人员提前按车厢和护送学校做好了分工。

学生出藏赴鲁到校需要过的第一关是"集中出发"。按照国家严防疫情外溢的有关要求，出藏学生需经过七天健康监测、"三天三检"核酸阴性才能出行。在自治区教育厅的统筹安排下，各市（地）、县（区）、乡镇（街道）和学校等有关同志随即行动起来，摸排学生情

况，开展健康监测和应急安全教育，逐级集中学生。在 120 多万平方千米的西藏，尤其是偏远农牧区，将学生快速安全集中起来，是一件极有挑战性的事情。

根据安排，我于 11 月 9 日同日喀则市的学生从日喀则站统一乘城际列车到拉萨站集中。下午 4 时许到日喀则站时，阿里地区的学生已乘大巴车到达了日喀则站。此时，其中部分农牧区的孩子已经从家出发 2 天多。看着他们，尤其是西藏班初中一年级的新生，背上行囊告别家乡，远赴他乡求学，我能够感受到他们心中的些许忐忑和满满的期待，也为他们深深地感到高兴，他们精彩的未来就在前方。晚 9 时许，日喀则市和阿里地区的学生都到达了拉萨火车站，与拉萨、山南、林芝、昌都几个地市（地区）的学生会合。

日喀则市和阿里地区的学生在日喀则站集中乘车

日喀则市和阿里地区的学生在拉萨站集中换乘

学生到校需要过的第二关是"安全在途"。乘坐专列出藏赴鲁，途中虽与外界接触少，但在封闭车厢要避免传染的可能，做到"点对点"全程闭环是重中之重。10日凌晨0时许，专列从拉萨站徐徐出发，至3时许那曲市的学生从那曲站上车后，所有813名学生、26名护送人员及防疫和生活物资集结完毕。"6车厢学生数与花名册一致！""7车厢学生身体未现异常！""8车厢有学生身体不适，需要医护人员前来检查！"……护送人员随即开启了紧张而有序的工作，按车厢分工清点统计人数，完成"一天三检"和"零报告"，监督检查口罩佩戴情况，避免串座和保持车厢卫生，处理各种临时情况等。

我作为总领队，要做好与各护送人员和列车长、鲁藏两地地面有关部门和学校的协调工作，及时处理突发事件，调配有关物资，汇报师生情况，对接下车转乘工作安排等。经过两天两夜的行程，专列载着学生终于顺利到达山东。

护送人员在列车上监测学生的健康状况

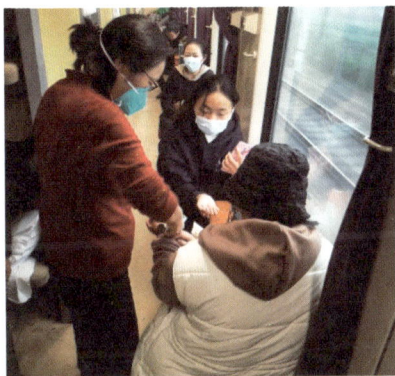

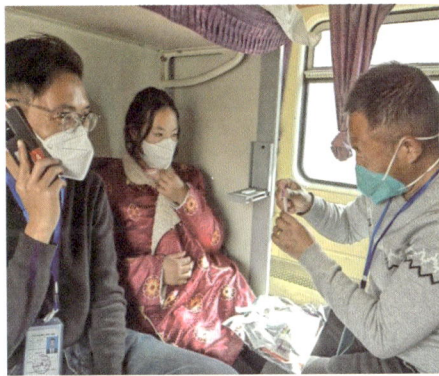

学生到校需要过的第三关是"分别到校"。12日凌晨0时许，专列稳稳地停在了济南站。从车窗向站台看去，各学校接站老师按车厢整齐地举牌等待，我之前对在车站集中转乘困难的担忧转瞬即逝。在鲁藏两

西藏班学校在济南站迎接学生转乘

地人员的有力组织和带领下，各车厢学生快速被引领到各学校准备好的大巴车上，人数清点完毕后及时奔赴各地市。按照山东疫情防控政策要求，学生需经过 3 至 7 天的集中隔离监测，安全后集中返校。

按照任务分工，到山东后，我负责学生人数最多的济南西藏中学的学生护送任务。在车站与鲁藏两地有关同志简短对接后，在济南西藏中学负责同志的陪同下，我与 460 多名学生前往位于济南南部山区的隔离点。在隔离点人员的大力支持下，

学生入住济南的隔离点

近凌晨 3 点所有师生按 1 人 1 间的标准安置完毕。"103 房间反锁，门怎么也敲不开！拍打窗户也没用！" 13 日早晨，隔离点送饭人员紧急报告。经查，房间是初一新入学女生，大家一下子紧张起来，随即进行了撬门。终于，女孩苏醒了，经医护人员检查，女孩身体一切正常，只是因为初下高原醉氧和路途劳累睡得太沉。还好是虚惊一场！经过 3 天的隔离监测，学生们顺利抵达济南西藏中学，沉寂多日的校园恢复了以往的生机。

根据各市具体情况，前往青岛、淄博、潍坊、济宁、泰安各市的所有学生在经过隔离监测后，也都安全抵达校园。疫情下西藏班学生乘专列返校入学，充分体现了党和国家对西藏的高度重视和对西藏班学生的深切关怀，彰显了我国在困难时期团结一心、共克时艰的强大力量和集中力量办大事的制度优势。相信西藏班的学生也一定会牢记这份恩情，立志为建设西藏、建设祖国发奋学习和不懈努力！（本文作者系山东省第十批援藏干部矫立峰）

学生到校后，与护送人员和学校教师合影留念

二、美丽的第二故乡

（一）山东省济南西藏中学

为贯彻落实党中央、国务院教育援藏的战略决策，济南市在 1985 年分别设立济南回民中学西藏班和济南第十四中学西藏班的基础上，于 1991 年 7 月，成立了山东省唯一一所专门招收西藏自治区藏族学生的寄宿制初级中学——山东省济南西藏中学。学校现有 3 个年级，16 个教学班，在校学生数达到 498 人，教职工队伍 75 人，其中专任教师 66 人，是市级文明校园。

学校始终秉持"尚德笃学、爱国兴藏"的办学理念，坚持把"培养既有传统文化积淀又有现代文明素养的新一代藏族学生"作为育人目

1992 年，成立初期的济南西藏中学（玉函路 88 号）

标，加强对学生进行铸牢中华民族共同体意识教育，全面提高学生的综合素质。学校立足实际，内涵发展，创建了以"笃信宽和"为核心价值观的"家文化"特色品牌，努力打造以"中华民族一家亲"为主题的"三纵三横，纵横交贯"大德育课程体系。学校先后被评为"全国教育援藏先进单位""山东省民族团结民族教育先进集体""山东省规范化学校""山东省心理健康教育示范学校""济南市艺术示范学校""济南市足球学校""济南教育十大榜样"等，多次荣获市、区两级"教书育人先进单位"称号。

（二）山东省潍坊第一中学

山东省潍坊第一中学高中西藏班成立于2002年，至今共培养16届178名西藏学生，历届毕业生均升入高校就读，其中有11人考入全国十大名校（含清华大学、北京大学各1人）。目前学校有47名在读西藏学生。学校历来高度重视西藏学生的教学与管理工作，成立了由校长任组长的西藏学生管理领导小组，实行双重管理。学生成长服务中心是西藏

2024年1月19日，第十批潍坊援藏工作组领队李连平（前排右三）率队到潍坊一中看望慰问西藏班学生

学生的总协调部门，学部是直接管理部门、责任部门，各学部均成立西藏学生管理项目组。每一届西藏学生都会编入不同的行政班级，与本地学生共同学习。在育人模式上，与普通学生一样，实施选课走班、分层教学育人模式，让学生根据自己的学习成绩以及兴趣爱好选择高考学科，实现"学习优异者吃饱，学习基础薄弱者吃好"，共圆大学梦。

（三）淄博实验中学

淄博实验中学是淄博市唯一一所被教育部认定的西藏高中散插班学校。学校自2003年起开始承担西藏学生培养工作，西藏学生招生人数从每两年招收5名，发展到每年招收15名，2023年扩招至17名。截至目前，共有129名西藏学生陆续从学校起航，顺利考入高校深造，他们绝大多数被"985""211"工程院校录取，其中2007级米玛片多、2009级平措卓玛考入北京大学。2021年，学校被山东省委宣传部、统战部、民宗委联合表彰为"山东省第七批民族团结进步示范单位"，学校西藏生工作部被山东省民宗委表彰为"山东省首批民族团结进步示范岗位"。

西藏学子在淄博实验中学欢度中秋节

（四）山东省泰安第一中学

山东省泰安第一中学创建于 1899 年，是山东省首批十九所重点中学之一，也是山东省首批招收西藏高中散插班的八所重点中学之一。学校现有新、老两个校区，新校区地处高新区，占地 508 亩，有 80 个教学班，实行全封闭寄宿制管理；老校区在青年路，占地 100 亩，初、高中一体化办学，有 75 个教学班。学校自 2003 年开始招收西藏学生，2003 年至 2009 年，每隔一年招收一届西藏生，每届 5 至 6 人；自 2010 年至今，每年招生计划为 45 人。现有在校西藏生 132 人，散插在 30 个班级中（高三年级 9 个班，高二年级 9 个班，高一年级 12 个班），其中藏族同学 71 人，汉族同学 61 人。学校在 2022 年获得由中共泰安市委统战部、泰安市民族宗教事务局授予的泰安市民族团结进步创建"红石榴"学校荣誉称号。

泰安一中 2003 级第一届西藏生散插班同学（前排）毕业照

（五）山东省泰安第二中学

山东省泰安第二中学创建于 1953 年，是山东省重点中学、省级规范化学校、全国中小学思想道德建设先进单位、全国体育传统项目学校。学校自 2011 年招收内地西藏班学生以来，高度重视西藏生的学习生活和教育教学管理工作，学校成立了由书记、校长任组长的西藏生教育管理领导小组，统筹协调西藏生工作。2014 年 6 月，学校第一届内地西藏班毕业生在高考中取得骄人成绩，其中，1 人被清华大学录取。由于民族工作成绩突出，学校在 2022 年 7 月被中共泰安市委统战部、泰安市民族宗教事务局评为泰安市民族团结进步创建"红石榴"学校。

2024 年 4 月，西藏班学子在红石榴公园"汉藏一家亲"纪念石旁合影

（六）青岛经济职业学校

青岛经济职业学校自 2010 年起开办内地西藏中职班，成为全国第一批、青岛市唯一开办内地西藏中职班的学校。每年都有一批西藏学

青岛经济职业学校在校西藏中职班学生合影

子从雪域高原来到黄海之滨，开启他们的逐梦之旅，至今已毕业267
人，目前在校西藏班学生共86人。14年来，一批又一批西藏学子捧
着洁白的哈达，带着雄鹰翱翔的梦想，带着国家与民族的期望和亲人
的嘱托，投入青岛经济职业学校这个大家庭的温暖怀抱中，追逐他们
的理想。

学校曾获得"青岛市民族团结进步创建活动示范学校""青岛市民
族团结教育基地"等称号，西藏班管理团队被评为山东省民族团结进步
示范岗位、青岛市"工人先锋号"。

（七）山东省济宁卫生学校

山东省济宁卫生学校坐落于以"孔孟之乡、运河之都"而闻名的山
东省济宁市，是一所有着60多年办学历史、培养医疗卫生人才的重点中

团市委领导到济宁卫生学校慰问西藏学生

等职业学校。学校先后被评为国家级重点中等职业学校、全国教育改革创新示范学校、教育部国防教育特色校、省级规范化中等职业学校、省级文明单位、全省教育系统先进集体、山东省民族团结进步先进集体等。自 2010 年起，山东省济宁卫生学校承担开设西藏中职班这一重要任务，目前已连续招收 14 届共计 772 名西藏班学生，目前西藏班在校人数 186 人。

（八）山东省济南市特殊教育中心

山东省济南特殊教育中心是济南市教育局直属的唯一一所为视障、听障儿童、青少年提供从学前教育到中等职业教育及高中教育综合服务的特殊教育学校。它诞生于建国之前，至今已走过 70 多年的风雨历程。学校前身为始建于 1947 年的私立福德聋哑学校，1952 年 10 月由政府接

2019 年 11 月，日喀则市特殊教育学校的藏族听障学生来到济南特教中心开始高中阶段的学习生活

管，改名为济南市聋哑学校。2001 年，为适应特殊教育改革与发展的需要，它在济南盲校、济南聋哑学校的基础上更名成立济南特殊教育中心。

2019 年 11 月，在山东省教育厅、济南市教育局的支持、协调下，山东省济南特殊教育中心迎来了日喀则市特殊教育学校首批 6 名藏族听障学生，第二年又迎来了日喀则市特殊教育学校 11 名藏族听障学生。他们将继续在这里接受高中阶段教育，这也意味着鲁藏特殊教育帮扶与合作共建之路正式开启。

三、充实的学习时光

内地西藏学校和西藏班的学习生活紧张而充实，为西藏学子们提供了一个高效而富有挑战的学习环境。学子们每天早晨迎着朝阳开始一天的学习之旅。课堂上，他们全神贯注地听讲，认真记录每一个知识点，

第五篇　内地办学，携手培育民族团结格桑花

努力吸收每一滴智慧的养分。老师们耐心细致地讲解，确保每个学生都能跟上进度，掌握所学知识。

除了课堂学习，学子们还要参加各种课后辅导和自习活动。他们利用课余时间巩固课堂所学，拓展自己的知识领域。图书馆、自习室成了他们最常去的地方，那里充满了浓厚的学术氛围。此外，内地西藏班还注重培养学生的实践能力和综合素质，学子们有机会参与课题研究、社会实践等活动，将所学知识应用于实际中。这些活动不仅提升了他们的实践能力，还培养了他们的创新思维和解决问题的能力。

虽然学习生活紧张，但学子们却乐在其中。他们珍惜这段宝贵的时光，努力提升自己的综合素质和能力。他们相信，通过不懈的努力和奋斗，一定能够取得优异的成绩，为家乡和国家的发展贡献自己的力量。

济南西藏中学藏族学子和老师亲切交流

济宁卫生学校为西藏班学生开设书法课

青岛经济职业学校西藏班学生参加社团课绘制京剧脸谱

淄博实验中学美术老师指导西藏班学生画国画

泰安第二中学班主任和西藏生分析考试成绩

藏族听障学生在济南特殊教育中心的课堂上

藏族听障学生在山东特殊教育职业学院上印染课

四、多彩的内地生活

西藏学子在内地西藏学校、西藏班的生活可谓丰富多彩，充满了各种文化体验和乐趣。

他们一踏入山东，便被这里的独特风情所吸引。他们游览名胜古迹，领略古老文化的魅力；品尝特色美食，感受舌尖上的美妙滋味。内地西藏班还经常组织各类文体活动，如篮球比赛、足球友谊赛等，让学子们在运动中锻炼身体，增进友谊。此外，西藏学子还积极参与各类文化交流活动。他们与内地同学共同举办文艺晚会，展示各自的才艺和风采；他们参加志愿者活动，为社会贡献自己的力量。这些活动不仅让西藏学子们更好地融入内地社会，也让他们深刻感受到民族团结的重要性。在课余时间，西藏学子们还会结伴出游，探索内地的美丽风光。他们登上高山，俯瞰壮丽的景色；漫步在古镇，感受历史的厚重。这些旅行经历不仅丰富了他们的阅历，也让他们更加热爱这片广袤的土地。

西藏学子在内地西藏班的生活充满了乐趣和收获。他们在这里度过了一段难忘的时光，也为自己的人生增添了浓墨重彩的一笔。

济南西藏中学师生元宵节包元宵活动

济宁卫生学校内地西藏中职班举行元旦联欢会

青岛经济职业学校西藏班学生中秋节做月饼

171

泰安二中举办西藏生中秋晚会

淄博实验中学为西藏学生过生日

五、难忘的研学足迹

内地西藏学校和西藏班经常组织丰富多彩的研学活动，为西藏学子们提供了宝贵的学习和实践机会。

这些研学活动涵盖了各个领域，旨在帮助学子们拓宽视野，增长见识。有时是文化研学，学子们会参观博物馆、古迹遗址等，深入了解中华文化的博大精深，感受历史的厚重与魅力；有时是科技研学，学子们会前往科研机构、高科技企业参观学习，了解最新的科技发展动态，感受科技改变生活的力量。内地西藏班还会组织户外研学活动，如徒步旅行、生态考察等。在这些活动中，学子们能够亲近大自然，领略祖国的壮丽风光，培养环保意识和生态文明观念。

研学活动不仅注重知识的传授，更注重实践能力的培养。在研学过程中，学子们需要自己动手、动脑，解决问题，完成任务。这不仅锻炼了他们的实践能力，还培养了他们的创新精神和团队合作精神。通过这些丰富多彩的研学活动，西藏学子们得以更深入地了解内地文化和社会，增强对中华民族大家庭的认同感和归属感。同时，这些活动也为他们的全面发展奠定了坚实的基础，为未来的成长和进步积累了宝贵的财富。

2023 年 5 月，济南西藏中学学生在曲阜参加研学活动

济宁卫生学校西藏班学生参观济宁市博物馆

青岛经济职业学校西藏班学生参加青岛市海军博物馆主题教育

泰安第二中学组织西藏学生到青岛参加研学活动

淄博实验中学西藏班学生走进鲁泰纺织股份有限公司参加研学活动

六、深厚的鲁藏情谊

内地西藏学校、西藏班学子在山东生活期间，与这片热土结下了深厚的情谊，留下了无数难忘的回忆。

山东，这片充满热情与活力的土地，为西藏学子们提供了温馨的学习和生活环境。在这里，他们感受到了山东人民的热情与善良，也体会到齐鲁文化的博大精深。学子们与山东人民交流互动，增进了彼此之间的了解和友谊，共同书写了一段民族团结的佳话。

在山东的学习生活中，西藏学子们不仅学到了知识，更收获了成长和进步。他们在这里锤炼品格，锻炼能力，为未来的发展奠定了坚实的基础。同时，他们也积极传播着西藏的文化和风情，让山东人民更加了解和喜爱雪域高原。即便西藏学子们已经离开山东，但他们对这片土地的深情厚谊却永远不会改变。他们时常回忆起在山东的美好时光，怀念着山东人民的热情与善良。他们也时刻关注着山东的发展变化，为山东的繁荣与进步感到由衷的高兴。

内地西藏班学子与山东的情谊，如同一颗颗璀璨的珍珠，串联起了民族团结的壮丽画卷。这段美好的经历，将永远铭刻在学子们的心中。

1994 年，济南西藏中学班主任第一次进藏家访

2023 年暑假，济南西藏中学 2022 级老师进藏家访

济宁卫生学校开展"汉藏一家亲，共筑中国梦"主题班会

青岛经济职业学校汉藏师生共同栽种团结树——石榴树

潍坊一中西藏学生到老师家过春节

淄博实验中学西藏生"我在淄博有个家"启动仪式

泰安二中组织"汉藏心连心"活动

济南特殊教育中心与日喀则特殊教育学校举行联谊联欢会

【人物特写】郭立斌的教育情怀

在山东济南西藏中学，全国优秀教师郭立斌三十三年如一日，坚守在民族教育的前沿。他以教育主任、年级主任及班主任的身份，在这片充满挑战与希望的土地上默默耕耘。

他的热爱与敬业，不仅源于对教育事业的执着追求，更源于他那颗深情的援藏之心。郭老师深知，每一位远离家乡、奔赴内地求学的藏族孩子，都承载着父母的希望和高原人民的期待。他始终关注着学生们的需求，无论何时何地，他总是学生们最坚实的后盾。每逢春节等传统佳节，他放弃与家人的团聚，选择陪伴在孩子们的身旁，用实际行动诠释着"家"的温暖和关怀。

郭老师所带领的班级，不仅学业成绩优异，多次被评为市级和学校的先进班集体，而且学生们在各类社会活动中表现出色。无论是少数民族运动会还是东南卫视的合唱比赛，都能看到他们活跃的身影。这些活动不仅丰富了学生的课余生活，也增强了他们的中华民族共同体意识，促进了民族间的交流与融合。

在郭老师心中，教育不仅是知识的传授，更是情感的交流。他通过真诚的交流，拉近了与学生心的距离，承担起了家长般的责任。他的教育理念在学生的成长中得到了充分

的体现，使得每位学生都养成了积极向上的良好心态，为他们未来的学习与生活打下了坚实的基础。

郭立斌老师的努力与成就，获得了社会各界的广泛认可。他曾获得多项荣誉，包括济南市中区教书育人先进个人、济南市中区优秀班主任、山东省民族教育先进个人以及全国优秀教师称号。这些荣誉背后，是他无数个日夜的付出与默默坚守，是他对援藏事业的无限热爱与执着追求。

郭立斌老师用自己的行动诠释了教师职业的崇高与伟大，他的教育情怀将永远激励着一代又一代的学子，朝着更高的目标不断迈进。而他那份深沉的援藏情怀，也将成为一段佳话，流传在济南西藏中学的每一个角落，激励着更多的人投身于民族教育事业。

第六篇
接续奋斗，共推西藏教育高质量发展

习近平总书记强调，教育是国之大计、党之大计。西藏教育的高质量发展至关重要。在党中央的关怀和支持下，西藏教育事业不断进步。山东教育援藏要牢记总书记嘱托，接续奋斗，持续加大教育投入，优化教育资源配置，加强师资队伍建设，提升教育教学质量，让更多的西藏孩子接受良好教育，为西藏的繁荣发展培养众多的优秀人才，推动西藏教育迈向更高水平。

一、致力理念引领，提升教育品质

山东教育援藏积极推广内地先进教育理念和教学方法，致力于素质型人才培养，通过集体备课、合作教研、专题讲座等方式，践行"以生为本、立德树人"的教育理念，带动了受援学校教育教学模式改革创新，实现了管理水平和教学质量"双提升"；积极推动高效课堂建设，制定发展规划、完善规章制度，紧盯高质量发展目标和薄弱点；强化理科、实验教学和科学教育，举办日喀则市科技文化节，开设和组织相关课程和比赛18项；以前瞻性的教育理念引领学生德智体美劳全面发展，举办多种类型的教育讲座，提升学生的综合素养。

（一）开展科技活动，激发学习兴趣

自2022年以来，青岛市援藏干部人才组在桑珠孜区大力开展科技文化节活动，聚焦"立德树人"的根本任务，提升教育品质。此活动覆盖面极广，每次有500余名学生参赛，涵盖了桑珠孜区所有中小学校。人才组全面引入青岛市科技创新教育资源，使科技节与内地各项比赛全面对接，让学生享受优质资源，促进交流。尤为可贵的是，活动将科技活动与德育高度融合，在"我爱祖国海疆""共筑家园"等模型比赛中，融入爱国主义主题，充分体现中华民族共同体意识。

科技节活动以先进理念为引领，将创新教育贯穿教育活动全过程，培养学生创新思维，增强了学生的综合素质，弥补了当地教育短板和弱项，为日喀则市尤其是桑珠孜区的教育事业注入了强大活力，提升了教育品质，助力了学生全面发展。

（二）打造高效课堂，提升教育品质

在日喀则市第一高级中学，山东援藏教师团队通过赛课、示范课、同课异构等方式，积极推动以学生为中心的高效课堂建设，倡导自主探究学习模式，积极推行"学案导学·互动探究——三步六环节"高效课堂教学模式。授课教师备课全面充分，灵活运用导学案、多媒体课件进行授课，课下根据学生学习基础进行个体辅导。高效课堂教学模式使得课堂教学实现了高效率、高质量，从而促进学生养成良好的学习习惯和持续提升学习能力。

（三）聚焦教育本质，强化素养提升

山东对口支援日喀则市第一高级中学，以前瞻性的教育理念引领德智体美劳全面发展，致力于落实"双减"政策，通过科学教育的增值策略，强化教育、科技与人才的高质量融合。他们聚焦教育本质，在减轻课业负担的同时，积极深化科学素养教育，推动教育生态的创新与进步。

2017 年 3 月 17 日，日喀则市第一高级中学举行全员赛课活动启动仪式

2023 年 9 月，烟台市油画协会主席王永国指导日喀则市第一高级中学美术社团的学生

2023 年 6 月，中国科学院广州地球化学研究所杨晶副研究员在日喀则市第一高级中学开展科普讲座

2023 年 12 月，齐鲁高级中学开展第一届社团文化艺术节暨社团成果汇报展示表演

2023 年 5 月，中国著名励志演说家、"无腿勇士"陈州受邀在日喀则市第一高级中学为师生作题为"遇见更美好的自己"的公益演说

2024 年 7 月，"鲁藏同心杯"足球邀请赛在齐鲁高级中学举行

二、致力名校引领，打造教育品牌

名校不仅仅是一所学校，更是一种教育理念的传承和创新。通过名校引领，可以打造出独具特色的教育品牌，为学生提供优质教育资源和全面发展平台。

山东教育援藏对口支援的日喀则市第一高级中学作为日喀则市高中课堂教学改革牵头学校，做强做优受援学校，提升名校的引领、示范作用。该校率先实行"自主互助、生态高效"的课堂教学改革，学校教学质量连年提升，在西藏自治区居于领先地位。同时，该校每年定期组织山东援藏教师团队赴各区县中小学开展"送课"活动，活动内容既有示范课和公开课，又有教育教研经验交流和德育讲座，形式多样，生动有趣，效果显著。

2024年5月，"日喀则市高中课堂教学改革"揭牌仪式在日喀则市第一高级中学举行

2023 年 10 月，日喀则市第一高级中学山东援藏教师工作队赴定日县"送课"

　　山东省投资 2 亿多元建设日喀则市齐鲁高级中学并组团援助该校。学校启用不到一年即被认定为"西藏自治区示范高中学校"，成为当地高中教育的一面旗帜。

　　为了发挥齐鲁高级中学的优质教育资源优势，促进当地教育均衡发展，引领周边学校快速提升教育质量，齐鲁高级中学于 2023 年开始与日喀则市第五高级中学联合开展教研共同体建设活动。在教研共同体内，齐鲁高级中学与市五高通过"两校联合教研""教学技能大赛"等形式，建立健全学科教研机制，形成同帮互助、成果共享的教研文化。两校教师全员参与教研、全员参与赛课的联合机制提升了两校教师的教学水平与教学研究能力，推动了教师队伍的专业发展，提高了教学质量。

　　齐鲁高级中学每学期组织该校山东援藏教师团队赴日喀则各区县开展主题为"真情送教，与爱同行"的送教交流活动。在送教活动中，援藏教师团队采取"订单"模式，根据受教交流学校的实际教育需求，确定送教课题，得到了受教交流学校的高度肯定。

2024 年 4 月，齐鲁高级中学山东援藏教师工作队赴白朗县"爱心送教"

三、致力名师引领，做强师资力量

名师引领，是教育发展的重要引擎，有助于增强师资力量，推动教育事业提升到新的高度。

山东教育援藏非常重视发挥名师的引领作用，为当地培养了一批批教育教学骨干。自教育援藏以来，齐鲁名师在日喀则设立远程工作站 5 个；援藏教师及支持该项目的本地教师设立名师、名校长工作室 15 个；实施"青蓝工程"，援藏教师与当地青年教师结对 300 多组；开展专题"传帮带"引领活动近千次。

在 2023 年和 2024 年连续两年的日喀则市青年教师基本功大赛中，山东援藏教育团队展现了卓越的名师引领实力。援藏教师王培坤和贾敬貌共同辅导的青年教师马军芳和强珍在高中语文教学领域大放异彩，勇夺语文组冠军；在历史组的竞赛中，援藏教师王宝松指导的当增卓玛荣获二等奖；在化学组的较量中，青年教师琼拉在援藏教师巩加路的精心指导下，脱颖而出，荣获了高中化学组的亚军。

2023年5月，齐鲁高级中学表彰在日喀则市青年教师基本功大赛中获奖的教师、指导教师

　　山东援藏教师巩加路带领齐鲁高中化学组全体教师积极进行课题研究。在巩加路老师的指导下，齐鲁高级中学化学组借助"互联网+"高中化学工作坊，围绕高原生活元素展开有关饮食、服饰、建筑与医药等领域的教学实践，使化学课堂变得生动有趣，且增加了文化底蕴。2024年4月，西藏自治区"中学化学教学中融入中华优秀传统文化"实践基地落户齐鲁高级中学，该校成为西藏自治区首个将中华优秀传统文化融入化学课堂的实践基地。

2023年4月，"中学化学教学中融入中华优秀传统文化"实践基地校落户齐鲁高级中学

为了充分发挥优质教育资源尤其是名师教育的辐射效应，山东援藏教师团队定期赴桑珠孜区、白朗县、聂拉木县、南木林县等地开展"送教到校"活动。每位教师根据自身的专业特长和交流学校的实际需求，精心准备了示范课、讲座和交流会。在活动中，山东援藏教师团队将理论知识与教学实践相结合，深入浅出，充分展示了精湛的教学技巧和独特的教学理念。每一堂课、每一场讲座都犹如知识的盛宴，受到当地师生的热烈欢迎和高度赞誉。

2024 年 4 月，山东省特级教师、齐鲁名师王培坤为南木林县一小学生上示范课

2024 年 10 月，正高级援藏教师毕全亮为聂拉木县初级中学学生上示范课

四、致力教研引领，提高教学质量

教研引领是教育发展的强大助推器，通过深度的教育教学研究，推动教学理念革新，挖掘教学潜能，提升教师专业素养，引导课堂实践优化，从而持续提升教育质量，培养适应时代发展需求的高素质人才。山东援藏教师团队多年来一直致力于教研引领，通过多种方式开展教研活动，助推当地教育的快速、均衡发展。

山东援藏教师团队将内地先进的管理理念、教育教学经验和具体实践模式引入对口受援学校，定期组织受援学校学科组与内地名校开展线上或线下的教研交流和优课观摩，帮助受援学校制定发展规划，完善规章制度，推动受援学校教育教学方式变革；采取翻转课堂、实验室辅助教学、自主互助等方式，引导学生进行参与式、体验式学习，激发其学习兴趣和自主性，突出学生在教育教学中的主体地位；强化多学科融合学习和实验教学，推动课堂模式由"优质课堂"向"深度课堂"转变；对口支援学校每年至少承办全市主题教研活动2次，实现了全市教研水平持续提升。成立职业教育高质量发展联盟，组织山东20多所优质中高职院校"多对一"帮扶日喀则中高职院校，建成高标准实习实训基地5个，实施教学教研帮扶项目64个，惠及学生8000余人。

在山东援藏教师团队的教研引领下，各受援学校的教育教学质量得到快速提升，还与周边多所学校成立教研联合体，促进了教育均衡发展，全市基础教育质量实现稳步提升。

（一）自主互助，打造生态课堂

山东省"组团式"援藏教育人才日喀则市第一高级中学工作队 20 名援藏教师在持续做好"青蓝工程""以省包校""强化三交"等工作的基础上，创新推行"自主互助、生态高效"高中课堂教学改革，让日喀则市第一高级中学始终站在教学改革的前沿，实现了教学水平从"追赶"到"领跑"的飞跃。

"自主互助、生态高效"高中课堂教学改革是日喀则市第一高级中学在教育领域的一次重要尝试和突破，不仅有助于提升学生的学习效果和综合素质，更有助于推动学校整体教学质量的提升，为学校发展注入了新的活力和动力。

山东教育援藏的两支工作队，通过自主互助、打造生态课堂等课堂改革，显著提高了受援学校的教学质量。2023 年，齐鲁高级中学高考首战告捷，本科上线率达 91.65%；其中 223 人超过重点本科分数线，重点本科上线率 41.37%。2024 年日喀则市第一高级中学本科率达到 95.04%，其中 566 人超过重点本科分数线，重点本科率达 71.92%，再创历史新高。

（二）教研示范，助推课堂教学改革

2023 年，日喀则市教育局面向全市教育系统公开选聘市级兼职教研员，荣波、王培坤、巩加路、王宝松、周恒、战垒、朱辉等 7 位山东援藏教师被聘为市级兼职教研员。他们充分发挥了在教研方面的示范引领作用，以实际行动推动了日喀则市的教育教学改革，成为受援学校和地市教育改革的先行者。

2023年4月，日喀则市教育局举行市级兼职教研员聘任仪式

（三）联合教研，实现资源最佳效益

为了更好地利用山东省优质教育资源，实现资源的最佳效益，山东援藏教师团队积极对接山东援派学校，与援派学校学科组进行联合教研，定期组织线上同课异构、集体备课和专题研讨等形式多样的教育教学活动。

齐鲁高级中学工作队利用区位优势，联合日喀则市第五高级中学开展全学科联合教研活动，组织"新课改理念交流暨同课异构教学大练兵"等活动，为当地教师提供了切磋交流教学技能的平台，激发了他们对课堂教学改革的热情，同时有力推动了新课改理念的落实，营造了课堂教学研究的浓厚氛围，助推了当地学校教育教学质量的良性发展。

2024 年 4 月，齐鲁高级中学和日喀则市第五高级中学语文、藏语文教研组开展"有效课堂建设"联合教研活动

2024 年，春季学期齐鲁高级中学与济南市第十一中学教学工作线上联合研讨会

2024 年 5 月，齐鲁高级中学语文教研组和淄博市第一中学语文教研室开展"同课异构"活动

鲁藏情深，铸牢中华民族共同体意识

2024 年 6 月，习近平总书记在赴青海、宁夏考察时指出："民族团结非常重要，我们五十六个民族要像石榴籽一样紧紧抱在一起。五十六个民族凝聚在一起就是中华民族共同体，中华民族是一个大家庭。""实现中华民族伟大复兴的中国梦，就要以铸牢中华民族共同体意识为主线，把民族团结进步事业作为基础性事业抓紧抓好。"

一、围绕民族团结育时代新人

（一）狠抓德育和思想政治教育

山东教育援藏高度重视德育教育和思政教育，创新开设并持续举办"齐鲁高中大讲堂"、班主任德育课大赛等相关德育活动，首创"感恩付出、感念至善"班主任节，建设了日喀则第一个校园心理健康辅导中心，深入推进"大思政课"建设，做到浇花浇根、育人育心。

2024 年 5 月，在日喀则市齐鲁高级中学，齐鲁高中大讲堂第十六期开讲

【工作纪实】开办齐鲁高中大讲堂

受西藏地广人稀的影响及交通等条件限制，西藏的学生走出高原、接触广阔世界的机会较少，有的学生在读高中之前连县城都没有出过。

为了给学生打开一扇窗，激励学生成长，山东援藏教师、日喀则市齐鲁高级中学校长万云在建校之初，便策划发起"齐鲁高中大讲堂"，旨在让学生听最精彩的人生故事，看不一样的世界。

学校积极联系社会各界成功人士和广泛动员在校名师，为学生开展形式多样、

山东省援藏教师王宝松开展讲座

内容丰富的讲座，以丰富他们的人生阅历，开阔他们的眼界。目前，"齐鲁高中大讲堂"已经开展了16期，内容涉及思政和红色教育、人文历史、自然地理、心理、法治等多个领域，极大地丰富了学生的校园文化生活，在潜移默化之中，为学生心灵埋下了心向远方、探究世界的种子。

2023年3月，日喀则市齐鲁高级中学开展"庆祝西藏百万农奴解放64周年"系列活动之"叫我们怎么不歌唱"活动

第七篇 鲁藏情深，铸牢中华民族共同体意识

【人物特写】让格桑花开在每一个孩子的心里

——记日喀则市第一高级中学援藏齐鲁名师张志强

张志强，男，国家二级心理咨询师，正高级教师，山东省特级教师、齐鲁名师、山东省教书育人楷模。2018 年 7 月，在得知西藏地区在心理健康教育方面非常欠缺后，张志强做出了人生中重要的决定——"去西藏支教"，成为当时全国唯一一位长期进藏支教的特级教师。

从济南来到日喀则，需要克服的困难很多，低压、缺氧、高辐射、高原气候多变……张志强随身携带着速效救心丸和丹参滴丸，胸闷时就赶紧吃上几粒。

经调研，张志强发现部分学生由于原生家庭的忽视或教育方式不当，存在关爱缺失、自我认知迷茫等问题，无法正确调整自己的情绪，非常需要心理健康教育，仅靠个别心理咨询还不够，学校必须开设心理健康

张志强老师和学生们在做"心有千千结"心理游戏

课。在课业紧张的高中，拿出一节课的时间来上不考试的心理健康课是很有难度的。刚到日喀则时，张志强没有急着开设心理健康课，而是走到学生们中间，跟他们拉家常、做朋友。

没有现成的适合当地孩子的教材，张志强就自己搜集资料编写教材；没有做心理游戏用的道具，他就将办公室的报纸、老师积攒下来的教学辅助用品等拿来当道具。经过张志强的积极筹备和学校的大力支持，每周一节的心理课终于开起来了。课程从调整学生认知开始，让学生有了正确的认知和思考方向，许多心理问题迎刃而解，让每个孩子都能够正确认识自我、调整好自己。耳目一新的理念让心理健康课很快成为孩子们最喜爱的课程之一。目前，学校还建设了心理辅导中心、咨询室、放松室、宣泄室、沙盘游戏室、团体辅导室等，日喀则市心理健康教育也从无到有，形成了较为完善的教育体系。

"让格桑花开在每个孩子的心里"，这是张志强经常挂在嘴边的一句话。三年援藏任务结束后，张志强主动申请延长一年援藏时间，继续他的"格桑花开"事业。在藏期间，张志强先后给2000多名学生上过心理健康教育课，近百名孩子找张志强做过心理咨询。

（二）推动爱国主义教育走深走实

山东教育援藏积极开展传统文化教育，创办书法等传统文化特色社团；通过协调内地资源，在日喀则学校建立"孔子学堂"18家；大力开展爱国主义教育，传承中华优秀传统文化，弘扬社会主义核心价值观，增进学生的"五个认同"，全力打造"三全"育人新格局。

2023 年 12 月，日喀则市首批"孔子学堂"授牌仪式在日喀则市齐鲁高级中学举行。日喀则市桑珠孜区第一小学同学朗诵《论语》，桑珠孜区第三中学同学表演"少年中国说"，日喀则市齐鲁高级中学同学进行藏文诗歌朗诵

【资料延伸】日喀则市学校孔子学堂建设

　　"孔子学堂"于 2014 年创办，覆盖全国 31 个省、自治区、直辖市和 17 个国家及地区，是中国孔子基金会的大型文化公益项目。学堂以"学书画、读经典、讲故事、兴礼乐、祭先贤、办节庆、倡民俗、做公益、传家风、评先进、树榜样、立信仰"为主要内容，以涵养、倡导和践行社会主义核心价值观为主要目标，广泛参与新时代文明实践活动，大力传承弘扬以儒家文化为代表的中华优秀传统文化，铸牢中华民族共同体意识，画好中国人民的最大同心圆，为实现中华民族伟大复兴、构建人类命运共同体贡献智慧和力量。

　　目前，日喀则市已有日喀则市齐鲁高级中学、聂拉木县中学、桑珠孜区第一小学等 18 所学校建立了孔子学堂。学校依托孔子学堂平台，结合社团组织，融入德育和思政教育，积极开展相关活动，很好地传承了中华优秀传统文化。

山东援建的日喀则市齐鲁高级中学孔子广场

2003 年，济南西藏中学学生参观威海刘公岛甲午战争博物馆，接受爱国主义教育

2021 年 6 月，日喀则职业技术学校学生在山东学习培训，参观爱国主义教育基地

（三）深化民族团结进步创建工作

山东教育援藏聚焦稳定、发展、生态、强边"四件大事"和聚力"四个创建"要求，积极为西藏创建全国民族团结进步示范区作贡献。"组团式"援藏教育人才不断加强团队建设，把开展民族团结进步创建作为重大政治任务，充分发挥桥梁纽带作用，自觉做民族团结进步的倡导者、实践者、推动者。山东援建和对口支援的日喀则市齐鲁高级中学立足新建校优势，围绕民族团结狠抓校园文化建设和制度创新，着力教育内涵建设和质量提升，学校建校不到一年便获得日喀则市民族团结进步模范校、模范班级等荣誉。

2020 年 8 月，新一批山东"组团式"教育援藏工作队荣获"日喀则市民族团结进步模范集体"荣誉称号

2023 年 6 月，潍坊市开展"感受齐鲁文化　展现湘巴风采"援藏交往交流交融项目。图为日喀则市南木林县学生在潍坊市实验学校暨中小学生综合实践基地，深入体验潍坊非遗、制作木版年画和美食饮品等方面的学习和实践活动

2023 年 6 月，日喀则市第一高级中学援藏教师在吉隆县送教期间，到学生家里家访

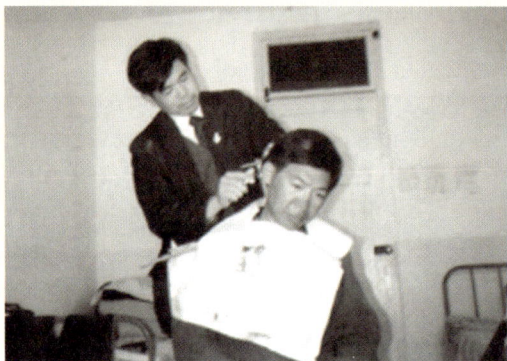

援藏教师徐德海在藏两年期间（1990—1992年），为受援学校师生义务理发200多人次，深受师生欢迎。1991年4月，援藏教师领队山东省教育厅赵维东老师到樟木中学调研，看到徐老师头发很长，说："你给学生理发，我给你理发吧！"

1996年12月，济南三箭置业集团捐赠80万元设立济南西藏中学教师奖励基金、学生生活补助基金和学生奖学金基金三项基金。

【工作纪实】"鲁藏同心杯"中学生足球邀请赛

为通过文体活动促进鲁藏两地师生深入交流、架起连心桥，展现新时代学生拼搏风采，铸牢中华民族共同体意识，打造"鲁藏同心、民族团结"的山东三交援藏品牌，山东援藏干部中心管理组设立了"鲁藏同心杯"中学生足球邀请赛项目。

2024年7月7日至11日，日喀则市第一届"鲁藏同心杯"中学生足球邀请赛开幕式在日喀则市齐鲁高级中学田径运动场举行。活动由山东援藏干部中心管理组和日喀则市教育局主办，日喀则市齐鲁高级中学承办。山东省第十批援藏干部领队、日喀则市委副书记、常务副市长陈耕出席开幕式和闭幕式。

本次"鲁藏同心杯"足球赛共有来自山东对口援助5县（区）的3所高级中学、各县（区）1所初级中学，共8个学校的代表队参赛。队员们克服了阴雨天气等不利因素，用高超的球技和顽强的拼搏精神一次次征服现场观众。经过激烈的争夺，南木林二中足球队获得初中组冠军，齐鲁高级中学足球队获得高中组冠军。比赛冠军队伍还将赴山东与山东学校的代表队进行友谊赛。

二、深入开展交往交流交融

山东教育援藏深入开展"鲁藏一家亲"结对联谊、青少年"手拉手"活动，创办"鲁藏同心杯"中学生足球邀请赛，组织受援地学生2000多人次到山东实习实训、文体展演、研学交流，全面深化青少年交往交流交融，铸牢中华民族共同体意识。

【工作纪实】日喀则市齐鲁高级中学赴山东结对交流

为全面贯彻落实中央第七次西藏工作座谈会、第三次对口支援西藏工作会议精神，以教师队伍建设和青年教师成长为重点，打造山东援藏教育品牌，2023年10月，日喀则市齐鲁教育集团名师培训在青岛西海岸新区实验高级中学拉开帷幕。

【故事侧记】老师，认定你了！

2023 年以来，日喀则市第一高级中学援藏教师周恒主动承担高二文科两个班的教学任务。在教学工作中，他充分发挥思想政治课立德树人的功能，注重对学习方法和学习习惯的培养，刻苦钻研当地教材和适应西藏学生的教学方法，认真严谨地上好每一堂课，取得了良好的教学效果。在历次考试中，他带的两个班成绩都很突出，深受学生爱戴。

2023 年 5 月的一天，周老师来到办公室，发现桌子上多了一支护手霜，上面还留有字条："致周恒老师，认定你了。"这是周老师得到学生认可的最好体现，也是周恒老师最为激动和欣慰的时刻。

援藏老师周恒和他的学生们

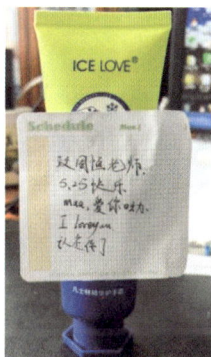

【故事侧记】援藏教师桃李满天下！

孔祥军，1961 年 9 月出生，原淄博市桓台第一高中语文教师，高级职称，山东省第八批援藏教学队成员，1997 年 8 月—1999 年 7 月在日喀则市第一高级中学任教，曾获日喀则地区优秀教师、先进工作者等荣誉。援藏期间，他一心扑在教学上，并热衷于和学生成为朋友，教学成绩优异。即使已离开援藏学校20多年，他仍是众多学子最为挂念的教师之一。

孔祥军老师的学生们合影（后排左1为罗布，后排右3为扎西顿珠，后排左3为拉巴仓杰，后排右2为次多，后排右1为次旦加拉）

孔祥军老师与受援学校师生
合影

三、讲不完的鲁藏山海情谊

　　教育援藏不仅是提供资金和师资力量的支持，更使两地人民心灵相通和产生共鸣，建立起跨越地域、跨越民族、在岁月长河中流淌不息的深厚情感。多少年来，一批又一批的山东教育系统援藏干部和教师，或远离家乡奔赴西藏，或在内地民族教育岗位上，默默地为西藏教育事业耕耘奉献，而西藏人民的洁白哈达、灿烂的笑容是对他们辛勤付出的真诚回馈。在广袤的中华大地上，山东与西藏虽相隔万里，却在不断书写着讲不完的鲁藏山海情谊和"鲁藏一家亲"的感人故事。

【人物特写】情系雪域　我心无悔

——记济南西藏中学全国优秀教师王桂春

　　大学毕业后，怀揣着对教师职业的向往，我如愿成为一名光荣的人民教师，担任西藏班学生的教育教学工作。第一次见到西藏来的孩子们，看到他们那没有一丝杂念的眸子，看到他们对于知识的渴求，这份质朴深深地触动了初执教鞭的我，也第一次让我意识到教师这个职业背后沉甸甸的责任。犹记得那年站在讲台上，面对着五十多个藏族学生，我默默告诉自己，接下来的四年时间，他们将远离家乡和父母，远离他们熟悉的雪域高原，他们的学习、生活、成长将和我息息相关，我的一言一行甚至一个不经意的表情都可能影响着他们以后的人生之路。

　　"我要怎样做才能成为一名合格的西藏班班主任？"这是彼时我内心最大的困惑。三十多年后，我想我终于可以回答这个问题了，答案很简单，就是"爱"。教师只要以一颗真诚的心关爱学生，就能承担起教育的责任，就能教育好学生。从教36年，我深深地体会到"教育是爱的共鸣，是心和心的呼应"，我坚信"爱"是教师最美丽的语言。

回想往事，促使我在民族教育战线上坚守一辈子的一件事发生在我教第一批孩子期间。那是 1988 年初冬的晚上，我在 87 级 2 班上晚自习，不巧赶上了学校停电，孩子们点上了提前准备好的蜡烛继续自习。下晚自习时，学生害怕我下楼看不清，班长索朗双手捧着燃烧的蜡烛坚持护送我下楼，并且让另外两名同学扶着我。我害怕他烫伤手，找了一块抹布给他垫着。就这样学生小心翼翼地扶着我，三个人一路把我送下了四楼。多么善良的孩子们，当时的我热泪盈眶，那时我便暗暗发誓，一定要更加用心地关心和教育他们，把这些淳朴的孩子们培养成才。多年来我真诚地对待每一个孩子，我教过的很多学生都愿意把心里话和"小秘密"向我倾诉，让我为他们排解困惑和青春期的心理障碍。学生旦增卓玛在电话里对我说："王老师，当我最孤独无助时，是您给了我学习和生活的信心，您像亲人一样关心体贴我，从您那里我得到了妈妈般的温暖。您常对我说的'我相信你能行，你一定行！'这句话至今还激励着我，成为我工作的动力，让我终生难忘……"

西藏孩子到内地后，一开始很不适应，经常生病，遇到班里学生生病或住院，我总是买上水果、营养品前去看望，还要在下班后做好可口的饭菜送去。学生远离家乡，我要让他们感受到家的温暖和父母般的关怀。每当有学生住院，为了让学生尽快康复，无论冬夏，我总是一天两次把熬好的鸡汤和小米粥送到医院。一个周末的晚上，我到学校看望学生时，发现班里的"调皮大王"扎永不在，听班长说他生病住院了。我匆忙赶到医院时，独自坐在病床上打针的扎永看到我时就像看到了亲人，委屈地流泪了。我的内心也五味杂陈，说不出地难受。陪他打完针，我又赶回家给他做好了鸡蛋面条。等我把热气腾腾的面条端到他面前时，他感动得说不出话。看到他咳嗽得厉害，第二天我又给他炖了冰糖雪梨送到医院。接下来的日子，我尽量在他打针的时候陪伴在他身边，随时

215

关注他的病情。等他病愈回到学校后，我渐渐地发现了他的改变：他变得听话、懂事了，再也不会故意跟我对着干，甚至还主动帮我管理起了班里其他的"淘气鬼"。其实我为他做的本是我力所能及的一些小事，可正是这些小事时时感动和影响着学生。

2004 年领导安排我新接了一个特殊的班级——边境班，学生分别来自西藏七个地区边境线上的偏僻农村，大多数学生没有经过正规、系统的教育，思想意识很不统一。由于边境班学生比普通班至少降 20 分录取，因此学生基础很差，对学习缺乏信心和兴趣，而且由于各地区语言不通，造成学生之间沟通困难，在建班初期，同学间矛盾四起。针对班级情况，我充分挖掘每一个学生的闪光点，积极倡导和实施激励教育和爱的教育，通过丰富多彩的班级活动培养学生的自信心。四年来我几乎没有休息过一个完整的节假日，为了尽快培养起班级的凝聚力，我利用周末和节假日带领学生走出校园，来到军营，通过观看部队的军事训练和团体活动，让他们感受军人严明的纪律和团队精神。在领导的大力支持下，我们和高新区实验学校建立了汉藏联谊班级，利用周末和节假日进行各种联谊活动，在丰富多彩的活动中帮助学生树立信心，使每一个学生真切地体会到在合作中快乐、在快乐中学习、团结就是力量等道理。同时，我绝不允许任何一名学生掉队。有一名来自喜马拉雅山脚下的学生叫索朗，他的汉语程度差得让我吃惊。刚来时他除了能听懂自己的名字，什么也听不懂。第一堂常规教育课，他茫然不知所措，与他对话时，他的脸憋得通红说不出话来，最后竟放声大哭起来，并做着打电话的手势。我明白他是想回家，那情景让我心疼极了。我一边给他擦眼泪一边安慰他，看着他渴望帮助的眼神，我下定决心要帮助他尽快走出困境。我便借来小学语文和数学课本成立了帮教小组，利用周末和课间，从汉语拼音开始，给他和其他七名汉语基础较差的同学补课。平时不管他能否听懂，我始终坚持每天课间和他说话，并要求他坚持写日记，从开始的几个字、一句话，到后来的一段话、一篇文章，我都仔细地修改，有时候，实在看不懂他写的是什么意思，我就干脆给他写一段话，鼓励和表扬他坚韧不拔的毅力和克服困难的勇敢精神。就这样，在关爱和激励声中，他从入学测验时的语文、数学两门功课总分9分，到一个月后语文单科成绩9分，随后12分、24分、38分……每次大小考试结束后我都特别关注几名后进生的成绩，我不断鼓励他们，遇到成绩有所退步的学生，我及时找出原因并给予关心和鼓励。在索朗等同学的影响下，同学间互帮互助，不怕困难，刻苦努力，形成了浓厚的学习氛围。因为孩子们的成绩参差不齐，我就利用每天晚自习的第三节自由复习时间到校，给学困生辅导功课。进入初二加上了物理课，有不少孩子听课明显吃力，作业不能及时完成。于是我及时调整方法，每天晚上在每个学科选出两名成绩好的同学，将各科老师当天讲的新内容给全班复习一遍，一直坚持到毕业。陪伴就是最好的爱，无论刮风下雨，天天晚上第三节课我准时到教室。功夫不负有心人，经过四年师生的共同努力，中考时我所带的边境班已经赶上甚至超过其他班级，而且作为边境班学生的达瓦次仁同学以文化成绩第一名的高分成为日喀则地区的中考状元。我的严格管理帮助他们尽快养成了良好的纪律习惯和集体观念，耐心细致和无微不至的关爱，使我自然成了孩子们信任和依赖的"王妈妈"。

一路走来，诸多往事时时温暖我、感动我，在漫长的教育旅途中，一次次让我找到了追梦的方向，找回了教育教学的初衷，也一次次让我相信做教育的无限美好……多年来，在西藏班班主任这个特殊的岗位上，我因材施教，不断摸索出更加适合不同学生特点的教育方法。我在班级管理中始终坚持"严爱统一"的原则，将师爱与母爱恰当糅合，与学生培养起了母子般的感情。我所有带过的班级均被评为济南市优秀班集体，我也先后被授予全国优秀教师、西藏自治区优秀教师、济南市优秀教师和优秀班主任、济南市先进工作者等荣誉称号。在我的帮助和教育下，调皮的学生变得懂礼貌、守纪律了；缺乏信心的学生能重塑自我，找回迷失的方向；有特长的学生能最大限度地发挥潜能。学生成才，就是对我最好的褒奖。

【故事侧记】援藏干部郭瑞东捐资助学

郭瑞东，山东省第十批援藏干部人才。他积极贯彻"三交"工作精神，十分重视加强与当地干部群众的交流交往交融工作。2023年他个人出资30000元资助日喀则市第一高级中学6名学生。这些学生分别考取了中国人民大学、浙江师范大学、西藏大学等高等院校。2024年他再次出资10000元，助力日喀则市第一高级中学多名品学兼优的高三年级家庭贫困藏族学生更好地完成学业。

山东省第十批援藏干部人才郭瑞东在日喀则市第一高级中学与受资助的学生合影

结　语

珠峰高耸入云，泰山雄伟壮丽，见证着雪域高原的沧桑巨变；雅江奔流不息，黄河奔流入海，诉说着鲁藏两地民族团结和携手共进的动人故事。

风雨同舟几十载，携手共进铸辉煌。党中央对口支援西藏 30 年和党的十八大以来，山东援藏坚持"援藏先援教、扶贫先扶智"，把教育援藏作为"改善民生、凝聚人心"的基础性工程，已构建起覆盖学前教育、义务教育、普高和中职教育、高等教育及特殊教育"全学段、各领域"，涵盖基础设施建设、人才智力支持、教育理念引领等"全方位、多层次"的教育帮扶体系，全面助推了受援地教育高质量发展，为西藏经济社会持续健康发展作出了重要贡献。

下一步，山东将深入贯彻党中央决策和鲁藏两地党委、政府部署，扛牢山东大省担当，发挥山东教育优势，集聚各方力量，加大援助力度，为西藏成为教育强区建设作出新的山东贡献。

附录一

山东省历批援藏教育人才名录

一、山东历批教育援藏干部

第一批　张志昌　1995—1998　时任德州地区教委副主任

第二批　王鲁军　1998—2001　山东省教育厅援藏干部　下同

第三批　梅亚宁　2001—2004

第四批　吕序锋　2004—2007

第五批　赵复兴　2007—2010

第六批　江　雨　2010—2013

第七批　魏光祥　2013—2016

第八批　赵世团　2016—2019

第九批　石仁勇　2019—2022

第十批　矫立峰　2022—2025

二、各批次援藏教师

第一批山东教学队（45人　1976年6月—1978年7月，支援那曲地区）

边荣瑞（队长　教育厅带队干部）

刘兰森	王丕华	齐大奎	张芳美	王继远
董素美	李保章	李廷义	潘光远	杨秀凯
秦向阳	周传森	王立德	王银江	李世军
杨云书	刘书惠	孙卜贤	王继木	任　瑛

张 磊	张文远	潘士祥	金德学	胡柏华
魏金城	米海峰	高玉伦	亓和平	杜传玉
杨慎福	朱皆休	周洪连	鞠爱敏	于洪弟
吴龙池	曲厚芳	王守惠	王建新	王之汇
周居彬	赵贯源	王寿松	刘治西	

第二批山东教学队（45人 1978年6月—1980年7月，支援那曲地区）

张为民（队长 教育厅带队干部）

马传礼	孙振峰	国作荣	马有君	袁有勋
崇 巍	周尊立	高丽华	刘兴田	王丽荣
张建美	魏乐支	杨学忠	吴效骞	陈久贵
刘春江	高四平	庞德雁	郭德庆	贾玉山
翟发友	许衍立	荣殿卿	陈运岭	王立业
胥俊斌	李津良	郝光坤	张铸良	时克金
张天才	宋延德	王隆坤	张英志	王延友
黄冠友	韩永昌	周维敏	张维志	孙丕义
袁增富	宇智海	史维臣	矫继清	

第三批山东教学队（71人 1980年7月—1982年7月，支援日喀则地区）

韦兆璧（队长 教育厅带队干部）

张国先	邱世奎	姜仁奎	李广彩	刘纯林
曹芳红	杨仁培	胡发聪	马志明	张 波
王振民	赵志义	陈金玮	刘华山	王其刚
王子玉	窦学忠	张 平	张洪强	乔继林
张书民	赵 才	张学鹏	陈忠义	萧衍祯
鹿守江	傅本良	李金陵	赵世平	李全禧

褚庆高	盛延明	史崇贤	高文杰	曹雪峰
窦建华	张明亮	孙建顺	刘文录	张守玉
邵学明	黄延坡	毛秀彦	张金堂	钱宗贵
栾松柏	康振方	刘炳贵	时盛坤	郭　强
房玉国	卢居彬	王德权	李长在	林寿祥
闫发茂	刘云晏	郭恩秀	朱训和	韩加德
秦鸿谦	邵守颂	丁文亭	刘发喜	段明海
张清亮	彭绵宝	梁玉荣	韩怀义	马立桐

第四批山东教学队（46 人　1982 年 7 月—1984 年 7 月，支援日喀则地区）

马庆水（队长　教育厅带队干部）

干树功	罗　桐	尹国耀	刘咸刚	潘庆江
慈维希	王维新	刁学庸	牛廷光	马宗明
孙胜利	胡序建	黄祖文	迟元立	张积岱
栗祥荣	徐文理	丛兰福	郭民胜	张元平
王延才	董玉桐	刘康安	郭舜廷	马传亮
王广太	赵善水	洪树河	韩纪忠	潘教岭
刘明华	陈允起	滕怀希	陈荣良	张文经
孔凡珂	陆家齐	苏兴才	肖保华	沈文国
陈　军	秦义丰	秦延信	朱令华	刘远进

第五批山东教学队（41 人　1988 年 8 月—1990 年 7 月，支援日喀则地区）

李崇岗（队长　教育厅带队干部）

王冠先	刘世浒	冯文平	刘纪元	董冠文
高国民	刘金庆	陈启照	路玉章	李振瑗
田承华	李树清	盖京菊	李晓方	山广祥

王明积	郝祖文	于兴业	赵　童	方健栋
郑兴前	姜卫东	梁开法	鹿守江	徐嘉亭
赵同兴	赵志福	李继承	张子喆	侯子路
张金光	吴秀平	张永革	吴贯孝	苟青春
高树成	谢朝光	吕令杰	卢金陵	李宝忠

第六批山东教学队（30人　1990年8月—1992年7月，支援日喀则地区）

赵维东（队长　教育厅带队干部）

徐国赞	张培河	林凯基	任立春	杨世刚
刘宗福	施立玉	高泗星	杨明华	刘世东
孙衍席	李振宇	王新军	焦洪君	魏建新
张永先	李长青	王学东	张振山	童东麒
徐德海	刘付生	梁建寅	宋润海	董学元
刘以奉	孟广奎	孔庆桐	韩建明	

第七批山东教学队（27人　1995年7月—1997年7月，支援日喀则地区）

张志昌（队长　组织部派带队干部）

张兴金	孙惠众	张健功	孙晓辉	于道立
于胜生	杜广宇	马　辉	郜修民	荣维奎
许兴华	张有水	曹洪军	姜玉海	董生才
于永强	张永威	胡无从	温友民	王忠诚
张怀旭	满昌令	秦立华	赵瑞河	季向东
张相民				

第八批山东教学队（17人　1997年7月—1999年7月，支援日喀则地区）

张志昌（队长　组织部派带队干部）

王鲁军（队长　组织部派带队干部）

薛荣岗	蓝永传	单吉进	赵光海	赵不坊
周文涛	张荫堂	王邦华	郭宪森	王晓峰
马峰周	孔祥军	高应三	梁剑升	刘章忠

第九批山东教学队（22人　1999年7月—2001年7月，支援日喀则地区）

王鲁军（队长 组织部派带队干部）

梁剑升	施立红	咸光耀	孟祥成	傅学敏
高培勇	郭有印	相龙虎	张庆水	冯在亮
方志勇	鲁连增	翟志鹏	陈守广	刘成行
赵玉炳	任增银	王广峰	张继兵	刘　辉
赵元平				

第十批山东教学队（22人　2001年7月—2003年7月，支援日喀则地区）

梅亚宁（队长　组织部派带队干部）

高培勇	李　亮	赵兴国	杨　伟	朱玉泉
张　峰	张宪军	韩成军	程　明	王新庆
宋文辉	王立业	闫吉泉	史海轮	陈　勇
王佃强	孙孝东	于金涛	于　争	战永杰
周清翱				

第十一批山东教学队（22人　2003年7月—2005年7月，支援日喀则地区）

梅亚宁（队长　组织部派带队干部）

吕序峰（队长　组织部派带队干部）

赵德会	王天娇	白刚亭	曹向东	栗广林

韩 雯	闫业来	龚澜航	鞠善忠	赵贤珍
赵纪彬	林为喜	吕东明	陈树杰	焦宏伟
吴 皓	郭 良	梁守刚	王雪已	赵圣哲

第十二批山东教学队（21人　2005年7月—2007年7月，支援日喀则地区）

吕序峰（队长　组织部派带队干部）

杨荆峰	郭德明	于 波	林恩华	韩文密
盛路军	周建贵	辛 波	赵绍海	王庆锋
张海军	苏振虎	于长林	刘永平	陈自来
刘玉奎	张峰一	孙光瑞	吕序敏	宋庆飞

第十三批山东教学队（21人　2007年7月—2009年7月，支援日喀则地区）

赵复兴（队长　组织部派带队干部）

赵广峰	王维新	徐中进	张文平	于新华
孙浩华	王学荣	李宏杰	王 骞	张 浩
于永伟	郭观彬	宋加民	纪 东	田洪柱
聂岸远	刘知泉	张乃武	安之建	江云世

其他援藏教育工作者

刘其山	王棣贤	刘庆慧	王文振	孙承增
王希明	王金红	杨国芳	吕世瑞	史之才
李素芹	李爱军	李 挺	郜宗香	张桂芳
张艳华	许学德

2007 年，西藏日喀则地区"两基"攻坚任务顺利完成，师资短缺的情况也得到了很大的改善，经山东省与日喀则地区协商，决定待山东省第十三批援藏教学队完成支教任务后，暂停援藏教学队的选派工作。

三区计划第一批（2013—2014 年）

陈昊亭	刘印	王 静	张 波	李全治
杜新涛	宁洪岑	赵 龙	吴建忠	王儒民

三区计划第二批（2014—2015 年）

梁召敏	杨胜平	王继安	刘仕永	李花伟
彭 强	郇正辉	李宏杰	苑忠瑞	孙 猛

三区计划第三批（2015—2016 年）

李军士	徐艳兵	吕佃宏	孙洪星	郭祥良
曹 波	王绍杰	姜德峰	苏 国	王 伟

第一批"组团式"援藏（2016—2018 年，日喀则市第一高级中学）

韩 东	逄增金	高希刚	周清翱	张永福
高庆忠	时玉栋	张远杰	周富长	陈志坤
白金升	李 冰	李 磊	刘 琴	元晓庆
陈洪光	王春海	李永仁	程丽萍	曲朝阳
王铁军	郑延东	刘泽伟	李宝峰	李良思
曲 琳	李平力	孙雪岗	曹庆胜	张 涛
孟庆杰	张克山	马德友	孙学安	王明超
张国昌	吴建利	孙传磊	王传波	袁忠涛
高树昌	禚玉亭	刘瑛蔚	鲁 旭	王军波

| 战 垒 | 张 玲 | 尚成立 | 陈寿昌 | 王学良 |

首批万名教师支教计划（2018—2020 年，白朗县中学）

吴 强	李晓军	王之宝	张庆龙	韩 强
尚英学	马永庆	李家辉	侯祥渠	刘海航
刘彦峰	刘 强	苏 华	赵家兴	沙子明
乔 亮	张 浩	韩德宝	仲济才	厉彦东

第二批万名教师支教计划（2020—2021 年，白朗县中学）

李家辉	尚英学	韩 强	马永庆	刘海航
韩德宝	厉彦东	张 浩	吴 强	王之宝
张庆龙	苏 华	赵家兴	胡建岭	张永霞
刘嘉鹏	王 学	赵珠勇	朱效廉	朱 樟

山东第二批"组团式"援藏（2018—2019 年，日喀则市第一高级中学）

薛庆师	滕美杰	高希刚	周清翱	谭景柱
韩 东	曹庆胜	张 涛	张克山	孟庆杰
贾 强	贾文凯	张志强	陈寿昌	尚成立
庄 盛	张立双	纪克俭	朱时洗	王学良
谢明松	吕世军	马德友	孙学安	王明超
张国昌	王晓静	李学章	王新清	贾洪政
陈 军	刘瑛蔚	鲁 旭	王军波	战 垒
张 玲	毕全亮	丁 磊	孔凡红	吴建利
王传波	袁忠涛	高树昌	禚玉亭	孙传磊
林凯田	张洪章	殷常伦	康忠杰	张淑红

新一批"组团式"援藏（2019—2022年，日喀则市第一高级中学）

薛庆师	周清翱	谭景柱	张志强	贾文凯
张克山	张 涛	曹庆胜	孟庆杰	贾 强
孔凡红	王军波	丁 磊	毕全亮	鲁 旭
刘瑛蔚	林凯田	王传波	王晓静	庄 盛

山东第二批"组团式"援藏留任（2019—2022年，日喀则市第二高级中学）

滕美杰	尚成立	朱时洗	张淑红	纪克俭
陈寿昌	王学良	谢明松	张立双	吕世军
吴建利	袁忠涛	殷常伦	禚玉亭	康忠杰
高树昌	张洪章	李学章	王新清	贾洪政

第三批"组团式"援藏（2022—2025年，日喀则市第一高级中学）

李豫威	周焕成	荣 波	朱英杰	毕全亮
梁国栋	左朝霞	战 垒	付廷彬	孙建平
刘季胜	孙小燕	窦锦良	于子森	王 健
石德才	周 恒	朱 辉	石韶强	朱晓萌

第三批"组团式"援藏（2022—2025年，日喀则市齐鲁高级中学）

万 云	谭景柱	杨为林	巩加路	臧海岩
贾敬貌	杨 康	王培坤	姜德东	杨希宝
崔民生	王宝松			

附录二

山东教育援藏大事记

1974 年

4 月，国务院批转了科教组《关于内地支援西藏大、中专师资问题意见的报告》，决定由上海、江苏、四川、山东、湖南、湖北、辽宁、河南等内地省市和国务院各部委派遣教师支援西藏教育事业。教师除担任教学工作外，还担负着为当地培养培训师资的任务，每批两年，定期轮换。

1976 年

4 月 11 日，国务院办公厅印发《国务院关于由山东、湖北省支援西藏师资的通知》，要求两省于本年 6 月和 1978 年分别派出两批援藏教师支援西藏教育，每批 45 名。其中，山东省支援那曲地区。

6 月 10 日，根据国务院的通知要求和教育部的部署，山东省派出首批中学教师，赴西藏自治区那曲地区执行教育援藏任务，主要到那曲中学、那曲师范学校承担教学工作，并为当地培养师资，时间为两年。教学团队主要由济南、青岛、烟台、昌潍、泰安、济宁等 6 个城市及地区选派的优秀教师组成，共 45 人，省革委教育局边荣瑞处长带队。教学团队先后乘火车、汽车西行途经甘肃省柳园、敦煌，青海省的格尔木、昆仑山口、唐古拉山口，于 6 月 30 日到达海拔 4500 米的藏北那曲地区。

9 月 12 日，我省各大中专学校毕业生响应党中央支援西藏的号召，踊跃报名到西藏工作。经组织批准，从山东大学、山东师范学院、山东医学院、山东中医学院、青岛医学院、山东工学院、山东矿业学院、山东化工学院、山东农学院、泰安师专、烟台师专、临沂师专、日照师专、淄博医专、济宁医专、山东省机械工业学校、山东省冶金学校、山东省建筑学校、山东省畜牧兽医学校、山东省中医药学校、胶县卫生学校、昌潍地区益都卫校、山东省北镇卫校、淄博第二医院卫生学校、诸城师范、昌乐师范、平度师范、胶县师范、益都师范、滕县师范、兖州师范、长清师范、聊城师范、莘县师范等34所大中专院校选拔了132名优秀毕业生进藏工作，他们被分配到西藏自治区各地县的文教、医疗卫生、农牧、建筑、水利电力等行业。出行前，山东省委书记苏毅然接见了他们，勉励他们不负山东人民的重托，为加强民族团结和西藏建设作出积极贡献。

1978 年

7月，山东省派出第二批援藏教师赴西藏自治区那曲地区执行教育援藏任务，时间为两年，省革委教育局干部张为民副处长带队。来自济南、青岛、烟台、昌潍、济宁、泰安地区及省水利学校的中学、中专教师等共45人，于7月31日从济南出发，8月13日到达藏北那曲地区。

9月，应西藏自治区要求，山东省革委教育局从山东师范学院、曲阜师范学院选派刘庆慧等7名优秀应届毕业生进藏，支援西藏教育事业。

1979 年

8月，按照教育部《关于为西藏代培中学师资的通知》要求，从本年大学招生开始，山东省为西藏代培中学师资。当年实际招收本科生48名，其中山东师范学院24名，曲阜师范学院24名。

1980 年

4月7日，中共中央转发《西藏工作座谈会纪要》，针对西藏经济建设和社会发展的突出问题，作出了一系列重大决策，对援藏工作提出明确要求。

7月，山东省派出第三批援藏教学队赴西藏日喀则地区执行教育援藏任务，时间两年。教育厅带队干部韦兆璧副处长与来自济南、青岛、淄博、烟台、昌潍、济宁、泰安、菏泽、临沂等九地市的教师一行71人，于7月15日从济南出发，经过20多天的颠簸，行程近万里，于8月8日到达后藏日喀则地区。

1981 年

6月，泰安卫校为西藏自治区开设的医士班25名学生，经过三年半的学习学成毕业，并返回西藏工作。山东省蓬莱师范学校为西藏日喀则地区举办首期中小学教师进修班，招收学员45人，培训时间为一年。

1982 年

6月8日，《大众日报》在一版显著位置刊登新华社驻西藏记者张高鹏对山东省第三批援藏教学队事迹的报道。报道的题目是《世界屋脊育桃李》。

7月，山东省派出第四批援藏教学队赴西藏日喀则地区执行教育援藏任务，共46人，来自济南、青岛、淄博、烟台、潍坊、济宁等地市，时间两年。教育厅马庆水副处长任带队干部。

1983 年

6月，山东省蓬莱师范学校为西藏日喀则地区举办第二期中小学教师进修班，招收学员49人，分设数学、物理、化学三个专业班。培训时间为两年。

8月，山东省为西藏自治区代培的48名大学生毕业后分配到西藏教育战线工作，其中毕业于山东师范大学的 24 名，毕业于曲阜师范学院的 24 名。他们大部分都分配到西藏的大中专学校和中学任教。

1984 年

12 月，根据中央第二次西藏工作座谈会精神要求，教育部、国家计委下发《关于落实中央关于在内地为西藏办学培养人才的通知》。

1985 年

3 月，山东省党政、科教、卫生、交通、水利等各行业援藏人员共 1064 人全部进藏。

4 月 10 日，党中央、国务院关心西藏教育事业，决定在上海、天津、辽宁、河北、山东、江苏、陕西、湖北、重庆、安徽、山西、湖南、浙江、江西、云南等 16 个省市创办西藏中学和西藏班，为西藏自治区培养人才。

7 月 1 日，《西藏日报》刊登特约通讯员刘汉君的长篇报道，以《珠峰连仙阁 藏汉一家亲》为题，报道了山东蓬莱师范学校举办西藏中小学师资进修班的情况。

9 月，根据中央决定和教育部、国家计委的通知要求，济南市分别在十四中和回民中学开办内地西藏班（初中），为西藏培养人才，学制四年。首批接收西藏日喀则地区的小学毕业生 100 名。

1987 年

7 月，山东省教育学院举办首期内地西藏班大专班，为西藏日喀则地区培养中小学师资。本年招收数学教师学员 34 名，学制两年。

1988 年

8月，山东省派出第五批援藏教学队赴西藏日喀则地区执行教育援藏任务。分别来自济南、烟台、淄博、泰安、临沂、惠民、菏泽等地市共41人，时间为两年。教育厅带队干部为李崇岗副处长。

9月，山东省教育学院举办第二期内地西藏班大专班，为西藏日喀则地区培养中小学师资，本年招收汉语言文学教师学员14名，学制为两年。

1989 年

9月，根据教育部和山东省部署，山东省卫生学校开始举办藏族学生班。至2003年，共为西藏培养医士、药剂、放射等类专业人员272名。

同月，中共山东省委书记姜春云到济南第十四中学视察内地西藏班，看望藏族师生。

1990 年

8月，山东省派出第六批援藏教学队赴西藏日喀则地区执行教育援藏任务。分别来自青岛、潍坊、济宁、德州、聊城等地市共30人，时间为两年。教育厅带队干部赵维东副处长。

9月，山东省教育学院举办第三期内地西藏班大专班，为西藏日喀则地区培养中小学师资，本年招收英语教师学员20名，学制为两年。

1991 年

7月中旬，以山东省教育学院副院长林书之为团长、省教育厅基础教育处处长杨尊田为副团长，由有关部门和地市教育局负责同志为团员的山东省教育代表团赴西藏进行考察慰问。在拉萨，受到拉萨市副市长孔繁森等的亲切接见并进行了座谈。在日喀则期间，代表团受到地区行署副专员索朗及地区教体委领导多吉平措、达娃等的热情接待并进行了座谈。代表团考察了地区中学、地区师范学校、地区小学、萨迦中学、拉孜中学等，并对援藏教师进行了慰问。

9月9日，在援藏干部赵维东带领下，91名西藏小学毕业生赴济南西藏中学入学。途经北京时，正值毛泽东主席逝世15周年。为加强对藏族学生的教育，组织学生到毛主席纪念堂瞻仰毛泽东主席遗容，并接受媒体采访。当日晚，北京电视台等进行了报道。次日，各大报纸在一版显著位置刊登由新华社、《人民日报》记者撰写的《人民的怀念》，报道了当时的采访情况。

9月，山东省法律学校受山东省人民政府委托为西藏自治区高级人民法院举办内地西藏班，为西藏培养法律人才。学制为三年。至1998年停办，共为西藏培养了四届共计160名合格毕业生。同时，山东省西藏中学宣布成立并独立建校，校长曹玉虎。原济南十四中和济南回民中学所办内地西藏班并入该学校。

1992 年

9月，山东省教育学院举办第四期内地西藏班大专班，为西藏日喀则地区培养中小学师资，本年招收汉语言文学教师学员25名，学制为两年。

1993 年

2月，山东省常务副省长宋法棠到济南西藏中学看望师生。

3月9日至11日，国家教委在北京召开教育支援西藏工作会议。会议的主要任务是学习贯彻邓小平同志视察南方的重要谈话精神和党的十四大精神，集中研究如何搞好教育援藏工作，更多更好地为西藏培养人才。

3月10日，中共中央政治局委员、国务委员兼国家教委主任李铁映在会上指出，内地支援西藏教育，办西藏班（校）是党中央、国务院的一项重要决策，是支持西藏现代化建设富有成效的措施。因此，教育援藏工作要长期坚持，努力搞好，逐步扩大，并通过改革提高到一个新水平。

1994 年

6月23日，西藏自治区高级人民法院副院长巴柔平多在山东省高级人民法院副院长望建宗陪同下到山东省法律学校考察，看望师生，并与学校领导、师生座谈，勉励藏族班同学珍惜良好的学习条件，努力学习，将来更好地为祖国、为西藏工作。

7月20日至23日，中共中央、国务院在北京召开第三次西藏工作座谈会。

8月29日，中共中央、国务院下发《关于加快西藏发展、维护社会稳定的意见》，提出"中央关心西藏，全国支援西藏"的方针，确定了"分片负责，对口支援，定期轮换"的援藏方针，明确上海市和山东省负责支援日喀则地区。要求继续支持西藏，重点加强基础教育，优先发展师范教育，不断优化高等教育；积极发展职业技术教育和成人教育，努力扫除青壮年文盲；继续办好内地西藏中学和西藏班，长期坚持，不断完善，适当扩大规模。

1995 年

3月2日，山东省法律学校举办庆祝"开办藏族班五周年暨藏历木猪新年"活动。国家教委民族司司长韦鹏飞、司法部教育司司长邢同舟、西藏教体委副主任陈秀芳、山东省政府特邀顾问韩邦聚、山东省政府办公厅副主任曹道泉、山东省司法厅厅长梁德超、山东省高级人民法院副院长李德蓉、山东省教委副主任刘鸣泽、山东省民委副主任常正芳、山东省司法厅副厅长任高远等出席会议，参加庆祝活动。

7月，济南西藏中学从日喀则地区招收藏族小学毕业生100名。这批学生是经日喀则地区首次实行内地西藏班统一招生考试而录取的。

8月，山东省派出第七批援藏教师赴西藏日喀则地区执行教育援藏任务。共27人，时间两年，带队干部张志昌（由省委组织部派出，时任德州市教委副主任）。他们不仅担任有关学科的教学工作，还要根据所在县市教育局和学校的安排，对教师进行业务培训。

11月18日，日喀则市党政代表团到济南西藏中学看望学生，并捐款5000元。

11月25日，青岛市希望工程办公室在青岛第十九中学向日喀则市党政代表团捐赠20万元，用于建设东嘎乡青岛希望小学；青岛第十九中学师生捐款1.5万元，用作教育基金。

1996 年

元旦，济南市市长谢玉堂、副市长沈建国到济南西藏中学看望慰问师生并与师生联欢。

1月29日，在山东省教育委员会和西藏日喀则地区教育体育委员会的关心支持下，山东省援藏教师联谊会(1997年更名为山东省教育学会教育援藏研究会，由省民政厅备案)在济南成立。参加会议的有来自全省各地历届援藏教师、干部代表46人。省教委副主任单兆众同志出席会议并讲话。日喀则地区教体委发来贺电。会议通过了联谊会章程并选举产生了理事会。会长：韦兆璧（省教育学院副院长）；副会长：马庆水（济南大学副校长）、李崇岗（省教委体卫处副处长）、赵维东（省教委职教处副处长），秘书长赵维东（兼）；理事：刘世浒、陈忠义、王其岗、徐国赞、彭绵宝、宋润海、徐德海、邱世奎。会议还向在藏执行援藏任务的教师、干部发出春节慰问信。

2月17日，值藏历年之际，济南各界人民开展向西藏中学师生送温暖活动，为师生体检、理发，并送去电视机、各种文化用品等。

5月26日，济南西藏中学组织师生赴聊城参观孔繁森同志纪念馆。

5月31日，北京国际图书节主办方向济南西藏中学捐赠图书。

9月中旬，山东省派出代表团赴西藏慰问援藏干部。9月18日代表团参观访问了由山东省援建的日喀则地区白朗县繁森希望小学，受到学校师生和当地政府、群众的热烈欢迎。

12月21日，济南三箭集团建立济南西藏中学教师奖励基金、学生生活补助基金和学生奖学金基金等三项基金，共捐赠资金80万元。

1997 年

1月3日，以自治区副书记、常务副主席杨传堂为团长的西藏自治区党政代表团在山东考察期间视察济南西藏中学，并慰问师生。山东省副省长张瑞凤、山东省教育厅厅长滕昭庆、济南市副市长沈建国等陪同视察慰问。

5月30日，济南西藏中学举办首届艺术节，迎接香港回归祖国。

7月，济南西藏中学学生参加由中央电视台、济南电视台联合策划的"第二起跑线"节目。

同月，济南西藏中学组织师生在威海举行夏令营活动。

8月，山东省派出第八批援藏教学队赴西藏日喀则地区执行教育援藏任务。共17人，时间为两年，带队干部为张志昌、王鲁军（由山东省委组织部派出，王鲁军为山东省教育厅副厅长）。

10月，经山东省教育学会批准并报山东省民政厅备案，山东省援藏教师联谊会更名为山东省教育学会教育援藏专业研究委员会，隶属于山东省教育学会。其宗旨是：联谊、研究、交流、合作援藏。

11月28日至29日，为纪念党的好干部孔繁森同志殉职三周年，号召大家学习这位援藏英雄的奉献精神，山东教育援藏研究会在聊城举行年会。参加会议的代表 40 余人。与会同志参观了孔繁森同志纪念馆并敬献了花篮。听到讲解员的讲解，看到孔繁森同志生前的照片和用过的物品，代表们仿佛回到雪域高原，深受教育。韦兆壁会长代表全省援藏教师、干部题词："敬爱的繁森同志，全省援藏教师永远怀念您，学习您。"表达了全省援藏教师的共同心愿。

会上，韦兆壁会长作工作报告，代表们进行了交流和研讨。会议修改了研究会章程，增补王才、孔繁珂、王振民、高文杰、鹿守江为理事。会议期间，代表们还看望了孔繁森同志的妻子王庆芝。此次会议得到聊城地区行署和教委的积极支持，行署副专员刘玉华、教委副主任张金玉出席会议并讲话。山东电视台以特稿形式进行了新闻报道。

12 月 13 日，以地委书记平措为团长的日喀则地区党政代表团视察济南西藏中学，慰问师生。山东省有关领导陪同视察。

1998 年

元旦，济南市副市长沈建国等市、区领导与济南西藏中学师生在植物园开展联欢活动。

1 月 8 日，沈建国副市长出席济南市民委向西藏中学赠送电视机仪式。

2 月 27 日，山东省政协主席陆懋曾、省人大常委会副主任严庆清、济南市副市长沈建国等省市领导到西藏中学向师生祝贺藏历年，并出席捐赠仪式。中共济南市委、济南市人民政府向学校赠送了二万元的慰问金和三万元的礼品。

4 月 30 日，济南市金泰杂技团到西藏中学举行慰问演出。

5 月 28 日，青岛市第一批援藏干部到东嘎乡希望小学向师生告别，赠送学习用品，同时看望贫困户并赠送衣物。

12 月 25 日，以教体委主任冯金贵为团长的西藏日喀则地区教育慰问团到西藏中学慰问。

12 月 26 日，山东教育援藏研究会韦兆璧会长等接待日喀则地区教育慰问考察团，并进行了座谈和交流。

1999 年

5 月 16 日至 20 日，山东教育援藏研究会接待西藏日喀则地区教体委代表莫萨等同志，并协助其在山东开展招聘中学教师工作。

6 月 21 日，济南市委副书记沈建国、副市长刘荫岛等参加西藏中学九五级学生毕业典礼。沈副书记讲话，勉励同学们再接再厉，继续深造，学好本领，为家乡和祖国建设作出贡献。

7 月，山东省派出第九批援藏教学队赴西藏日喀则地区执行教育援藏任务。共 22 人，时间为两年。带队干部为王鲁军（由省委组织部派出，时任省教育厅副处长）。

8 月 13 日至 14 日，山东教育援藏研究会接待中共日喀则地区教体工委书记达娃同志，并派代表陪同其前往德州参观访问。

9 月 9 日，山东副省长邵桂芳在济南市副市长刘荫岛、省教育厅厅长滕昭庆、副厅长陈光华等的陪同下到西藏中学庆祝教师节，慰问师生。

2000 年

1 月，烟台市市投资 200 万元无偿援助日喀则地区幼儿园进行扩建，建起总面积 1099 平方米的教学楼，以及食堂、音乐室、综合楼、大门等，使办园条件有了很大改善。

3 月 10 日，山东省教育援藏研究会在济南召开理事扩大会议。会议听取了韦兆璧会长的年度工作报告；会议就如何响应中央关于西部大开发的号召，以实际行动继续为西藏的教育发展作贡献和研究会自身建设等问题进行座谈讨论；会议增补张志昌、任立春、李金陵、陈立玉、王明积、王冠先、李振瑗、单吉进为理事，并确定了各市地会员小组组长。

会议确定于本年下半年适当时候召开研究会第二届代表大会，实行换届选举。

4月15日，省教育援藏研究会韦兆璧会长、赵维东副会长代表研究会到长清县看望并慰问该县历届援藏教师，并进行了座谈。同时了解和总结了该县教育部门重视援藏工作、关心援藏教师的经验。

9月22日至26日，中共山东省委、省政府组成由省委常委、组织部部长姜大明同志为团长的考察慰问团，赴西藏自治区进行工作考察并慰问我省援藏干部。代表团一行先后到拉萨、日喀则地区、白朗县等地的机关、援藏项目现场、学校等进行了考察，与西藏自治区、日喀则地区党政领导进行了交流和座谈。山东省组织部派出的第二批援藏干部进藏两年多来共落实基础设施项目18项，总投资6700多万元；"造血工程"项目16项，投资5700万元；农牧业产业化、扶贫富民工程项目16项，投资900万元；人才工程17项，投资1700多万元；其他项目30项，投资1500多万元。考察期间向日喀则地区捐款600万元。

12月29日至30日，山东教育援藏研究会第二次会员代表大会在济南举行。参加会议的历届援藏教师、干部代表60余人。山东省教育厅副厅长马庆水出席会议并讲话。以西藏日喀则地区教体工委书记达娃为团长、教体委副主任扎西诺布为副团长的赴鲁慰问团一行出席了会议，并介绍了日喀则地区的教育情况。会议听取了韦兆璧会长的工作报告，修改了研究会章程，选出了新一届理事会及领导班子成员，并决定聘请达娃、扎西诺布为名誉会长。为庆祝西藏和平解放50周年暨山东教育援藏25周年，决定会后编辑出版《在西藏的日子里》一书。

2001年

2月16日，山东省教育援藏研究会向全省援藏教师（干部）发出《关于编辑出版〈在西藏的日子里〉征稿通知》。

4 月 18 日至 5 月 6 日，为摄制《为了西藏的明天》电视专题片，山东教育电视台副台长、援藏干部赵维东带领记者乘汽车进藏，到那曲、拉萨、日喀则、萨迦、拉孜、白朗、江孜等地对援藏干部、教师及当地有关领导、师生进行采访。

5 月 12 日，山东教育援藏研究会在曲阜召开大型座谈会，庆祝西藏和平解放 50 周年暨山东教育援藏 25 周年。与会代表 40 余人，济宁市教育局及曲阜市领导马书轩副书记出席会议并讲话。代表们回顾了山东 25 年的援藏历程，畅谈了感想体会，表示在新的形势下，继续发扬孔繁森精神，为西藏教育的发展作出新的贡献。《曲阜日报》对会议做了报道。

5 月 23 日至 24 日，为庆祝西藏和平解放 50 周年暨山东教育援藏 25 周年，山东电视台和中国教育电视山东台分别播出电视专题片《为了西藏的明天》。

5 月下旬，以山东省教育厅纪检书记张兴民为团长、教育厅有关部室及部分市教育部门负责人组成的山东省教育代表团赴西藏进行考察慰问。在拉萨，代表团受到自治区常务副主席杨传堂等的亲切会见，在西藏大学校长刘庆慧等的陪同下，代表团参观考察了西藏大学。在日喀则，代表团受到当地地委、行署及学校的热烈欢迎。代表团考察了日喀则地区的中小学校，对援藏教师进行了慰问。

6 月，中央召开第四次西藏工作座谈会。会议提出了 21 世纪全面推进西藏工作的主要任务："要紧紧抓住实施西部大开发战略和西藏社会局势基本稳定的良好机遇，着眼于西藏的繁荣进步和长治久安，集中力量解决事关西藏发展稳定全局的重大问题，促进西藏经济从加快发展到跨越式发展，促进西藏社会局势从基本稳定到长治久安。"会议明确，继续坚持"分片负责、对口支援、定期轮换"的办法和有关原则，对口支援关系基本保持不变，延长对口支援时间（即延续到 2015 年），扩大对口支援范围。

6月，山东省派出第十批援藏教师赴西藏日喀则地区执行教育援藏任务，共22人，时间为两年。带队干部为梅亚宁（由省委组织部派出，时任省教育厅副处长）。

7月23日至29日，山东省团省委书记刘慧晏带队赴西藏日喀则地区，捐赠希望小学建设资金50万元。

8月，电视专题片《为了西藏的明天》获第七届全国教育电视优秀节目评比一等奖。

9月，受西藏自治区委托，山东省教育学院为西藏五个城市培训英语专业师资175人。其中，日喀则43人，昌都38人，山南20人，那曲50人，阿里17人，拉萨(区直)7人。学制为一年。

9月19日，受西藏自治区政协委托，全国政协港澳台侨委员会副主任张伟超专程到济南，把体现汉藏人民团结的文化艺术珍品西藏唐卡《孔子讲学》的复制品转赠给山东省政协。

12月，《在西藏的日子里》一书由中国科学文化出版社出版。

2002年

5月21日，山东省第三批援藏干部发起成立"山东省援藏干部助学基金会"，并举行首次捐款仪式，援藏干部当场捐款2.01万元。

6月，山东省教育学院为西藏自治区举办的英语班学员毕业。至此，从1987年至2002年，山东省教育学院为西藏举办了五期大专学历师资班，共培养大专层次的中小学教师268名。

9月5日，青岛市第三批援藏工作组从援藏资金中拨出专款，成立日喀则市"教育奖励基金"。

9月7日，由青岛市援建的日喀则市三中教学广场工程落成典礼举行。该项目于2001年10月23日破土动工，总投资130万元，占地面积16987.5平方米。

9月24日，由青岛市政府投资40万元、海尔集团投资30万元的青岛海尔希望小学在日喀则市年木乡落成并投入使用。

11月3日，山东省第三批援藏干部助学基金发放仪式在日喀则地区教体委举行，共资助25名品学兼优的学生，每人600元，共计15000元。助学活动每学期进行一次。

12月28日，山东教育援藏研究会二届二次年会在济南东郊饭店举行。会议传达了全国教育援藏工作会议精神，总结了一年来的工作，研讨了今后的工作。为迎接山东教育援藏30周年，会议决定编辑出版《山东教育援藏30年》大型画册。山东省教育厅副厅长马庆水出席会议并讲话。

2003 年

3月4日，山东省副省长王军民在省政府副秘书长刘俭朴、济南市副市长刘荫岛、教育厅副厅长陈光华等的陪同下到济南西藏中学视察并看望师生。王军民副省长详细了解了办学情况，察看了教室和学生宿舍、食堂，并与藏族学生合影留念，他勉励同学们要珍惜良好的条件，努力学习，将来为家乡、为祖国建设作贡献。

7月，山东省派出第十一批援藏教学队赴西藏日喀则地区执行教育援藏任务。共22人，时间为两年。带队干部为梅亚宁（由省委组织部派出，时任省教育厅副处长）。

7月19日至20日，山东教育援藏研究会在潍坊召开"编辑出版《山东教育援藏30年》（暂定名）大型画册研讨会"。会议就编辑出版该画册的意义、稿件的征集、编辑及出版等问题进行了认真研讨。研究会有关领导韦兆璧、赵维东、李金陵和潍坊市文化局局长王振民等参加会议。潍坊市文化局对会议的召开给予了大力支持。

8月25日，青岛市委宣传部副部长姜正轩一行抵达日喀则市，代表青岛市委宣传部、市教育局、青岛出版社和市南区委、区政府向日喀则市政府捐赠图书 50 万册、援藏资金 19 万元。

9 月上旬，由青岛市委副书记、组织部部长张若飞带队的青岛市党政代表团在日喀则市进行考察慰问。代表团慰问了援藏干部，实地考察了日喀则市特色产品交易市场、欧珠住宅小区、轮胎翻新厂和塑料编织袋厂等青岛市援助的 13 个项目。考察结束后，张若飞代表青岛市委、市政府向日喀则市捐赠资金 200 万元；青岛市崂山风景区管委会向日喀则市曲美乡拉塘村捐助修建希望小学资金 15 万元；青岛市天泰集团股份有限公司向日喀则市聂日雄乡加庆孜村捐助修建希望小学资金 15 万元；山东省房地产开发集团向边雄乡甲根村捐助修建希望小学资金 15 万元；青岛市伟东置业有限公司向东嘎乡达龙村捐助修建希望小学资金 15 万元；青岛市阳光百货股份有限公司向联乡捐助修建希望小学资金。

2004 年

3 月，山东省副省长蔡秋芳等与济南西藏中学的师生一起，在泉城广场参加民族团结宣传月活动。

10 月 9 日至 12 日，由青岛市教育局副局长金柯寿、计财处处长李俊山、组织处副处长于崇军、人事处干部隋世宇等四人组成的青岛市教育考察团对日喀则市的教育进行考察，并对援藏教师进行慰问，勉励他们要牢记家乡人民的嘱托，以实际行动为日喀则市教育的发展作出积极贡献。

2005 年

5 月 21 日至 27 日，青岛市教育局劳模代表团一行 6 人由教育局纪委邹静书记带队，前往西藏日喀则市，开展"牵手日喀则"劳模教师讲学考察活动，并将青岛市教育界老师们筹集的 16 余万元和 40 台电脑捐给日喀则市教育界。

6月9日至18日，以山东省教育厅副厅长陈光华同志为团长，山东省教育厅李培众、陈国前、刘振鹏、祝令华，山东省财政厅段琳，山东省教育电视台战新国等同志一行七人组成的山东省教育代表团，赴西藏自治区慰问山东省第十一批援藏教师。

代表团在藏期间，到山东对口支援的日喀则地区第一高级中学、日喀则市二中慰问援藏教师，到白朗县考察学校，并与援藏教师举行了座谈。陈光华副厅长对援藏干部和援藏教师卓有成效的工作给予了充分肯定，亲切勉励他们再接再厉，为日喀则地区教育事业作出新的更大的贡献。陈光华副厅长代表山东省教育厅向日喀则地区教育系统捐助了由山东教育电视台资助的20万元资金。代表团还前往医院慰问了因病住院的援藏教师。

代表团与日喀则地委、行署共同召开了援教工作座谈会，双方就进一步做好援助日喀则地区教育工作进行了深入探讨。

6月20日，由日照市经济开发区管委会副主任宋维军、社会事业发展局局长伊峰等一行四人组成的教育代表团，对日喀则市的教育状况进行了考察，并对援藏教师进行慰问，还向日喀则市第一高级中学捐赠了教学设备款。

7月，山东省派出第十二批援藏教学队赴西藏日喀则地区执行教育援藏任务，共21人，时间为两年。带队干部为吕序锋（由省委组织部派出，时任省教育厅副处长）。

9月，山东教育援藏研究会举行驻济常务理事会，研究换届和编纂《山东教育援藏30年》(暂定名)大型画册问题。

11月23日至24日，《山东教育援藏30年》编委会举行座谈会，研究画册编纂的有关问题。11月山东省副省长、政协原副主席丁方明为《山东教育援藏30年》画册题词：教育援藏，无上荣光。

12月23日至24日，画册编委会举行研讨会，会议就画册的名称、栏目设置、稿件的编辑原则、工作进度及编纂出版的有关问题进行了研究，画册正式定名为《珠穆朗玛作证——山东教育援藏30年》。参加人员有：韦兆璧、马庆水、边荣瑞、赵维东、李金陵、王振民、才学庸、徐文理、刘世浒、尹国耀、刘书惠、杨云书、王延友、张英志等。

2006 年

1月18日，中共山东省委原书记苏毅然为《珠穆朗玛作证——山东教育援藏30年》画册题词：教育援藏民族和谐，共谋发展永载史册。

同月，教育部部长何东吕为《珠穆朗玛作证——山东教育援藏30年》画册题词："教育援藏，功在千秋"。

2月，本画册编纂人员赴青岛、淄博、济南、烟台、潍坊等地调查采访，搜集山东教育援藏的有关资料。

同月，山东省副省长王军民为《珠穆朗玛作证——山东教育援藏30年》画册作序。

3月1日，全国人大常委会副委员长热地为《珠穆朗玛作证——山东教育援藏30年》画册题词：搞好教育援藏，增进民族团结。

5月，记载和反映山东省教育援藏30年历程的大型画册《珠穆朗玛作证——山东教育援藏30年》由中国炎黄文化出版社出版。

2007 年

1月，全国内地西藏班办学和教育援藏工作会议在北京召开，山东省副省长王军民参加了会议，同时，教育部、中央统战部和国家民委印发了《关于进一步加强教育对口支援西藏工作的意见》（教民〔2006〕8号）。

2月，山东省副省长王军民主持召开专题会议研究贯彻落实全国会议精神的意见。2007年7月，山东省教育厅等5部门印发了《关于进一步加强教育对口援藏援疆工作的通知》（鲁教办字〔2007〕8 号），并与日喀则地区教育局签订了《对口支援协议书》。

2008 年

3 月 3 日，日喀则市第一高级中学妇联成立，并选举了妇联主任、委员。

5 月 6 日，国家投资 2700 万元实施的日喀则市第一高级中学改扩建（教学楼、风雨操场、学生餐厅、学生宿舍）工程交付使用。

10 月 11 日，由山东省投资 570 万元援建的日喀则市第一高级中学图书科技楼开工奠基仪式举行，西藏自治区人大常委会副主任、日喀则地区人大工委主任、地委书记格桑次仁，地区行署专员许雪光等出席。

10 月 12 日，烟台市援助的 42 万套棉衣和 10 余万元的图书运抵聂拉木县，价值折合 1200 万元。

2009 年

4 月 25 日，日喀则市第一高级中学操场改扩建动工，学校教职工周转房破土动工。同年秋季，该校实施新课程改革。

6 月 5 日，由山东泰山体育集团资助的校运动场（人工草皮足球场）竣工并投入使用；

6 月，日喀则市第一高级中学校徽修改设计完成。同年该校高考重点本科上线人数创历史新高，达到 104 人。

8 月 28 日，日喀则市第一高级中学第一部教师论文集《春华秋实——教师论文精萃》（藏汉双语版）出版。

9 月，日喀则市第一高级中学校报《为明报》改名为《求索报》。

2010 年

8 月 29 日至 9 月 4 日，青岛啤酒股份有限公司董事长金志国一行考察西藏啤酒销售市场及日喀则市投资环境。其间，举行了青啤公司 QSL 青少年发展基金向日喀则市教育事业捐赠 100 万元助学仪式。

2011 年

7 月 30 日至 31 日，山东电视台《山东新闻联播》节目播放反映青岛市第六批援藏党政干部工作事迹的新闻报道。

8 月 26 日，青岛啤酒股份有限公司青少年发展基金为日喀则市教育事业捐赠 100 万元体育设施仪式在日喀则市第一高级中学举行。

11 月，日喀则市教师培训班在青岛市市南区教育中心举办，来自日喀则市中小学的 22 名教师完成为期一个月的培训。

2012 年

2 月 7 日，由青岛市援藏干部、日喀则市委副书记王清源作词的歌曲《日喀则，我为你牵挂》，入选日喀则地区藏历春节联欢晚会。

2013 年

4 月 28 日，山东援建项目江当乡小学主体工程竣工验收仪式举行。

7 月 27 日，山东援藏干部王治玉同志任日喀则市第一高级中学校长。

8 月 6 日，全国人大常委会副委员长向巴平措同志到山东受援学校视察。

2014 年

2 月 26 日，山东省团省委书记张涛陪同团中央书记处书记傅振邦到济南西藏中学调研共青团工作，并与学校师生一同参与"汉藏一家亲，共筑中国梦"主题团日活动。

9月10日至13日，山东省团省委书记张涛带队赴西藏日喀则地区开展对口援藏工作集中行动，向日喀则团地委颁发青少年事业发展专项经费136万元，向南木林县完小捐赠希望工程专项经费30万元。山东省团省委援藏工作办公室与日喀则团地委签订对口援助协议，重点围绕青少年思想政治教育、服务青少年成长发展、巩固基层团队组织建设和加强青年志愿服务等四方面开展对口支援帮扶。

11月19日，山东省财政厅、教育厅印发《山东省普通高校新疆、西藏和青海海北籍少数民族大学生省政府励志奖学金管理实施办法》，明确新疆、西藏和青海海北籍少数民族大学生省政府励志奖学金的资金分配、资金使用和监督管理等事项。

2015 年

3月18日，山东援藏教育奖学金颁奖仪式在南木林县卡孜乡完全小学举行。山东省第七批援藏干部总领队、日喀则市委副书记、常务副市长赵志远，以及省第七批援藏干部中心管理组、市教育局、南木林县委、县政府有关负责人出席。

12月，山东援建的日喀则市桑珠孜区齐鲁幼儿园正式开园，来自周边的420名学生进入幼儿园接受高质量的学前教育。

2016 年

4月18日，韩东、逄增金、周清翱、高希刚、张永福五位山东省首批"组团式"教育人才援藏领队进入日喀则市第一高级中学工作。

6月30日，青岛市第八批援藏工作组与情系日喀则教育基金会签署设立"情系日喀则"奖学金的合作协议，定向资助桑珠孜区贫困家庭学生。

8月3日，烟台市第八批援藏工作组组织"高原梦·山海情格桑花烟台行"交流活动。此次活动作为"高原梦·山海情"系列活动之一，主要安排聂拉木教育系统与烟台二中老师、同学进行座谈和交流，藏族学生到烟台学生家里做客，加深藏汉学生交流，增进感情。

8月8日，"组团式"教育人才援藏45名一线教师入校援藏，韩东同志被任命为校长，逄增金、周清翱、高希刚、张永福同志被任命为副校长。

8月25日，西藏自治区副主席房灵敏同志到日喀则市第一高级中学视察。

10月10日至22日，桑珠孜区骨干教师赴青岛培训。

2017 年

3月11日，聂拉木县遭遇罕见暴雪，总降雪量122毫米，全县交通干线实施交通管制。特大雪灾发生后，烟台市第八批援藏工作组积极参与当地抢险救灾和群众救助工作，到聂拉木镇中心小学、聂拉木县人民医院和社会福利院等单位看望慰问师生和相关人员，送去羽绒服等生活用品。

4月4日，西藏自治区教育厅、教育工委书记普布次仁一行到日喀则市第一高级中学检查指导工作、看望慰问山东"组团式"援藏教师。

4月8日，山东"组团式"教育援藏团队认真筹备教育部对"组团式"教育援藏的调研工作。

在青岛市第八批援藏工作组的协调和支持下，山东教育援藏率先在桑珠孜区设立贫困家庭大学生帮扶基金，每年安排100万元援藏资金，对桑珠孜区接受高等教育的建档立卡贫困家庭在校大学生进行帮扶，帮助他们顺利完成学业；率先建成"空中课堂"，推动桑珠孜区中小学校与青岛市相关学校进行空中连线，促进优质教育资源共享，实现学有所教、学有优教。

4月22日，青岛市委书记张延清同志到山东受援学校视察。

5月2日，日喀则市山东商会代表青岛新华友建工程集团股份有限公司为山东省"组团式"教师每人赠送一台抽油烟机，用来改善援藏教师的生活条件。

5月13日，淄博华侨城小学与昂仁县完小帮扶结对"暖心鞋"发放仪式在昂仁县完小举行，为昂仁县完小所有学生发放"暖心鞋"400余双，同时送去的还有淄博华侨城小学学生们书写的信件，捐赠的棉衣、书本等爱心物资。

5月17日，济南市第八批援藏工作组与绿地泉集团公司合作开展公益助学项目，向白朗县144名家庭贫困学生发放5万元公益助学金。

5月20日，日喀则市第一高级中学举行首届班主任节，李玉建副市长参加活动。

5月28日，日喀则市与山东省结对共建学校签约仪式暨教育论坛活动举行。山东省20所中小学校与日喀则市20所学校建立了结对共建关系。山东省第八批援藏干部总领队、日喀则市委副书记、常务副市长冯继康，山东省教育厅党组成员、山东省纪委驻教育厅纪检组组长卢士斌，日喀则市副市长李玉建等出席了签约仪式。

6月10日，潍坊市组织12家企业参加日喀则市山东招商引资推介会，3家企业与日喀则市签订意向协议。山东科灵节能装备股份有限公司为南木林县卡孜乡完小无偿建设3000平方米光伏供热供电项目，让学校560余名孩子"过暖冬"。

6月26日，济南市第八批援藏工作组组织白朗县部分骨干教师赴济南历下区进行跟岗培训。

10月29日至11月3日，山东教育援藏齐鲁名师义务送教活动在日喀则举行。义务送教团由13位齐鲁名师组成，涵盖中小学13个学科。分别在日喀则市、南木林县、桑珠孜区、白朗县、聂拉木县中小学开展活动，共举办专题讲座 6 场次，听评课、上示范课 26 节次，教学研讨会 26 场次。日喀则市 18 县（区）初中学校教研人员、教育局相关教研室人员、5 个片区教研员、部分中小学教师共计 1500 余人参加了相关活动。

2018 年

3 月 14 日，山东省教育厅、编制委员会办公室、发改委、财政厅、人社厅联合印发《关于实施国家援藏援疆万名教师支教计划和选派援青支教教师有关问题的通知》，确定选派第二批"组团式"援藏教育人才 50 人，支教为期三年。

5 月 3 日至 5 日，山东省委书记、省人大常委会主任刘家义率领山东省党政代表团到西藏自治区，就深入贯彻落实习近平总书记关于西藏工作的重要指示要求，特别是在第六次西藏工作座谈会和东西部扶贫协作座谈会上的重要讲话精神，扎实做好援藏工作，开展实地调研，召开对口支援联席会议，签署山东省政府和西藏自治区政府战略合作框架协议。山东省副省长王书坚，以及济南、青岛、淄博、烟台、潍坊市和省直有关部门负责人参加了调研。调研期间，刘家义看望慰问山东援藏干部人才。

5 月 20 日，日喀则市白朗县嘎普乡塔叶村易地搬迁安置点项目开工建设，该项目投入援藏资金 150 万元，同年 10 月 31 日竣工。

5 月 24 日至 25 日，淄博市"组团式"教育援藏 10 名援藏教师到日喀则市昂仁县开展送教下乡活动。活动期间，教师们参观昂仁县迥巴藏戏保护利用传习所、金塔路街景改造、村级活动场所、学校运动场等淄博对口援建项目。

7 月，山东省"组团式"教育援藏工作队荣获"全区教育系统基层先进党组织"荣誉称号。山东省第一批"组团式"教育人才援藏期满离藏。

8 月 7 日，山东省教育厅举行援藏支教管理人员培训会议。省教育厅教师工作处、发展规划处等有关处室负责人，完成山东省第一批"组团式"教育人才援藏工作任务的 5 位管理人员和新选派的第二批管理人员，济南市教育局有关人员参加了会议。

8 月 15 日，山东省第二批"组团式"教育人才援藏团队 50 人和第一批"万名教师支教计划"援藏教师 20 人抵达日喀则市。援教人员分别来自济南、青岛、淄博、烟台、潍坊、临沂、枣庄、济宁、威海、东营，分别在日喀则市第一高级中学和白朗县中学开展为期三年和两年的支教工作。

9 月 23 日至 30 日，第二届桑珠孜区优秀中学生夏令营活动在青岛举行。

11 月 25 日至 27 日，西藏自治区党政代表团到山东考察。山东省委书记刘家义等出席座谈会并讲话，山东省委副书记、省长龚正，省委副书记杨东奇出席。考察期间，刘家义等领导看望山东省第一至第八批援藏干部人才代表和援藏干部家属代表并座谈交流。

12 月 15 日，在日喀则市 2018 年教育工作表彰大会上，山东省"组团式"教育人才援藏工作队获日喀则市"教育援藏工作先进集体"称号。

2019 年

3 月 11 日，山东省第八批援藏干部总领队、日喀则市委副书记、常务副市长冯继康到白朗县中学慰问山东省首批"万名教师支教计划"20 名援藏教师。

6 月 15 日，山东省教育厅印发《关于做好新一批"组团式"援藏教育人才选派工作的通知》，确定新一批"组团式"教育人才援藏帮扶日喀则市第一高级中学，牵头学校为山东省济南中学，选派 20 人，分别来自济南、青岛、淄博、烟台、潍坊 5 市，为期三年。原第二批"组团式"援藏教育人才20人调整至日喀则市第二高级中学，为期三年，至2022年7月结束。

6月27日，济南市全体第九批援藏干部人才到济南市西藏中学看望慰问白朗籍学生。

7月1日，帮扶日喀则市第一高级中学的山东"组团式"援藏教育人才工作队援藏党支部被西藏自治区教育工作委员会授予"全区教育系统先进基层党组织"荣誉称号。

7月2日，济南、青岛、淄博、烟台、潍坊等5市援藏干部人才分别抵达白朗县、桑珠孜区、昂仁县、聂拉木县、南木林县。

7月6日，山东省第九批援藏干部人才由乔穆朗宗饭店迁入山东援藏公寓。

7月6日至24日，青岛市第九批援藏干部人才领队、桑珠孜区常务副书记刘存东一行现场调研桑珠孜区扶贫物流中心，日喀则市科技农业精品示范园，甲措雄乡中心小学和老年活动中心，日喀则市藏圣阁民族手工业产品有限公司，西藏恰钦默唐卡设计有限公司，联乡乡政府及卫生院、幼儿园，南木乡政府及罗林村、乡双语幼儿园等，桑珠孜区副区长张风陪同。

7月31日，山东省第九批援藏干部中心管理组在日喀则市山东援藏公寓召开齐鲁中学项目第一次推进会议，研究讨论齐鲁中学建设主体等事宜，确定建设高中学校。

8月21日，潍坊市援藏工作组为南木林县考入内地西藏班的27名优秀毕业生发放奖学金6万元，并召开勉励座谈会。

8月25日，山东省对口支援日喀则市建设的齐鲁小学开学，一年级招收学生87人。

8月，日喀则市第一高级中学被评为"西藏自治区首批示范高中学校"。

9月4日，山东省第二批"组团式"援藏教育人才20人到日喀则市第二高级中学报到。新一批"组团式"援藏教育人才确定后，原第二批"组团式"援藏教育人才调整至日喀则市第二高级中学，帮扶工作正式开始。

9月，日喀则市第一高级中学获得"全区教育系统先进集体"称号。

9月10日，日喀则市教育大会暨第35个教师节表彰大会召开，山东省首批"万名教师支教计划"团队被日喀则市委、市政府授予"援藏万名教师支教计划先进集体"，领队吴强、德育主任苏华被授予"援藏万名教师支教计划先进个人"。山东6名援藏教师分别被西藏自治区教育厅授予"援藏先锋""优秀援藏教师""优秀援藏教育工作者"称号。

9月17日，潍坊市向南木林县热当乡小学及幼儿园捐赠书包1000个。

9月17日至26日，淄博市第九批援藏工作组组织开展儿童先天性心脏病筛查项目，先天性心脏病筛查专家组赴秋窝乡、卡嘎镇、亚木乡、多白乡、日吾其乡、桑桑镇、达局乡等乡镇，对全县987名儿童进行先天性心脏病筛查，为部分教师进行健康体检。

10月8日至20日，山东省教育厅组织14名齐鲁名师赴日喀则市桑珠孜区、白朗县、南木林县、仁布县、拉孜县、江孜县、萨迦县等7县（区）36所中小学，以及日喀则市特殊教育学校开展送教交流活动，惠及2000余名师生。

10月21日，山东省"组团式"教育人才援藏项目第四期日喀则市骨干教师培训班在齐鲁师范学院开班，来自日喀则市桑珠孜区、白朗县、南木林县、昂仁县、聂拉木县以及部分市直学校的15名学员，在山东接受为期一年的培训和跟岗研修。

10月29日，淄博市第九批援藏工作组发起的"情系昂仁、寒冬送暖"爱心捐赠仪式在昂仁县中学举行。爱心捐赠活动募集过冬衣物3000余件，帮助贫困学生和特困人员温暖过冬。

11月1日，山东省新一批"组团式"教育人才援藏工作队在日喀则市第一高级中学举行"十个一"工程启动仪式。

11 月 7 日，日喀则市特殊教育学校 6 名聋哑毕业生抵达济南特殊教育中心，继续接受高中阶段教育。这是日喀则市残疾学生首次走出西藏到内地接受高中阶段教育。

11 月 14 日，昂仁县举行淄博援藏帮扶育才教育基金发放仪式。县委副书记、县长普布多吉出席发放仪式并讲话，淄博市第九批援藏干部领队、县委常务副书记毕宝锋等参加仪式。此次共资助建档立卡贫困户学生 70 人、非建档立卡大学生 222 人，发放帮扶育才教育基金 65.8 万元。

11 月 20 日，由济南市第九批援藏工作组发起的"暖童"活动爱心捐赠仪式在白朗县强堆乡中心小学举行，捐赠冬季棉鞋 472 双、保暖内衣 300 套，价值 1.5 万元。

12 月，聂拉木县政府和教育局负责人及各学校骨干教师组成的教育考察团赴山东交流学习。

12 月 22 日，日喀则市教育系统 50 名中小学教师及管理干部分别抵达山东济南、青岛、淄博、烟台、潍坊等 5 市中小学开展结对交流活动。

2020 年

3 月 5 日，青岛市第九批援藏工作组通过视频召开全体会议，推出学前教育春苗计划，在西藏首次提出并率先实现"3 个 100%"目标：率先在西藏完成 3 至 6 岁适龄儿童 100% 入园，率先在西藏完成小规模村级幼儿园标准化建设 100% 达标，率先实现乡村幼儿教师从业资格合格率 100%。中央电视台《晚间新闻》等栏目专题报道了"3 个 100%"工作。中共中央政治局常委、全国政协主席汪洋到园区视察时，对该项工作给予充分肯定。

4 月 25 日，青岛情牵日喀则教育基金会向日喀则市桑珠孜区第一中学捐赠新华字典 448 本、衣服 500 套。

5月29日，济南市第九批援藏工作组向白朗县双语幼儿园、白朗县中学捐赠学习、办公用品、儿童玩具等物品，价值6万元。

6月16日，潍坊市为南木林县中小学生捐赠课外书籍仪式在南木林县教体局举行，捐赠图书7500余册。

同日，山东科灵集团为南木林县教体局捐资3万元，向2名品学兼优困难学生每人发放助学金2000元。

7月10日，山东省美发美容行业协会到日喀则市白朗县，开展"鲁藏一家亲，爱传千万里"捐资助学活动，向白朗县巴扎乡小学捐助现金3万元、文具80件。

8月30日，山东省第二批"万名教师支教计划"20名援藏教师抵达日喀则市白朗县，教师分别来自济南、东营、临沂、济宁、枣庄、威海，支教期为一年。

9月10日，日喀则市2020年度教师节表彰大会召开，山东省新一批"组团式"援藏教育人才领队、日喀则市第一高级中学党委副书记、校长薛庆师被日喀则市委、市政府授予"日喀则市名校长"称号。

9月17日至26日，山东新一批5名"组团式"援藏教育人才作为日喀则市第二批优秀专家赴边境仲巴县、定日县、聂拉木县开展定点帮扶活动。

9月22日，山东省"组团式"教育人才援藏项目第五期日喀则市骨干教师培训班在齐鲁师范学院开班，培训班参训学员15人，来自日喀则市桑珠孜区、白朗县、南木林县、昂仁县、聂拉木县以及部分市直学校，在山东接受培训并跟岗研修1年。

9月22日至29日，日喀则市教育系统基层党组织书记培训班在山东师范大学举办，21名日喀则市中小学和幼儿园的党支部书记、副书记参加培训。

9月，日喀则市在山东省青岛市及中铁十四局等支持下，正式启动了 33 所乡村幼儿园建设项目。

9 月 27 日，"青岛·日喀则集团化办学暨特色课程共建签约仪式"在山东省青岛市举行。青岛市委副书记王鲁明、青岛市教育局副局长姜元韶、西藏日喀则市委副书记马春波等出席签约仪式。青岛实验高级中学等 8 所青岛市学校、幼儿园负责人及日喀则市桑珠孜区一中等 7 所日喀则市学校、幼儿园负责人参加了签约仪式。仪式由日喀则市桑珠孜区委副书记刘存东主持。

10 月，日喀则市第一高级中学建校 60 周年暨山东省"组团式"教育援藏成果展庆典隆重举行。

12 月，青岛实验高级中学向西藏日喀则地区中小学一线教师赠送 120 份 2021 年度的《中国教育报》。这是青岛教育系统连续 15 年向该地区中小学和教师赠送该报。

2021 年

经日喀则市委常委会研究决定，该市组建了日喀则齐鲁教育集团，涵盖学前教育、义务教育、高中教育和职业教育。这是西藏自治区成立的第一个教育集团，也是第一个跨学段、多类型的教育集团，在全国具有创新意义。

青岛第九批援藏干部组累计投资 1.66 亿元实施了日喀则市青岛小学建设、东嘎情远希望小学改扩建、加庆孜完全小学改扩建、情馨幼儿园配套用房建设、甲措雄乡中心小学等 6 所小学建设工程，有效改善了学生的学习生活环境，缓解了就学压力。

日喀则市青岛小学于 2021 年 6 月开工，2021 年 11 月完成主体封顶并验收。据桑珠孜区教育局工作人员介绍，日喀则市青岛小学是为解决日喀则市学位紧张的问题而建设的一所现代化的标准小学，计划今年 9 月正式开始招生，共 18 个教学班。学校设计充分体现了地域特色，又融入了现代时尚元素，处处彰显着人文气息和现代教育理念。日喀则市青岛小学投入使用后，将进一步完善周边教育配套设施，满足周边居民子女的就学需求，有效缓解桑珠孜区的整体教学压力。

山东援藏工作组筹资 2200 万元，率先在西藏组织编制了《乡村小规模幼儿园建设标准》，为日喀则市桑珠孜区援建 28 所标准化乡村幼儿园，招聘 125 名大学生做乡村幼儿教师，在西藏率先实现乡村幼儿园标准化率 100%、乡村幼儿园大学生教师配备率 100%、3 至 6 岁适龄幼儿入园率 100%。此外，还协调了山东 3 所职业本科大学和 8 所中高职院校与日喀则市职业学校建立结对帮扶关系，推动成立"鲁日职业教育高质量发展联盟"，确定 62 个具体帮扶事项，涉及专业学科建设、实习实训、职业技能大赛、校企合作等重难点事项。这些帮扶事项折合资金逾 5000 万元，覆盖 30 多个学科专业，惠及学生 5000 余名。

5 月，日喀则市第一高级中学推行"分层走班"教学实验。

6 月，正值中国共产党成立 100 周年与西藏和平解放 70 周年之际，青岛援建日喀则市桑珠孜区 28 所标准化乡村幼儿园正式交付。

2022 年

6 月，日喀则市第一高级中学在新一批山东省"组团式"教育人才援藏团队带领下，创造了建校史上辉煌成绩：高考上线率 100%，本科率 94.32%，重点本科率 69.9%，位列自治区第一。

6 月 30 日，由青岛市第九批援藏干部组投资兴建的日喀则市青岛小学正式揭牌，日喀则市委副书记、常务副市长、山东援藏总领队马金栋，日喀则市委常委、桑珠孜区委常务副书记、青岛市第九批援藏干部组领队刘存东，日喀则市政府副市长母兴斌，日喀则市政协副主席、教育局党组书记李有平出席仪式，桑珠孜区委副书记、政府区长普琼主持仪式。

7 月，由山东省出资援建、中铁十四局承建的日喀则市齐鲁高级中学项目竣工，通过验收。

7月14日，由青岛市第九批援藏干部组投资7300万元建设的西藏首座青少年科学院——日喀则市青少年科学院正式揭牌。

7月，山东省第二批"组团式"教育援藏干部人才完成使命，光荣离藏。

7月20日至21日，山东省第十批援藏和第五批援青干部人才培训暨欢送会在南郊宾馆召开。山东省委常委、组织部部长王宇燕讲话。山东省委组织部副部长于富华主持开班式，宣读新一批援藏、援青干部领队任职文件和管理组成员名单。

7月22日，山东省第十批援藏干部人才顺利抵达日喀则市。日喀则市市长卓锋等领导同志前往机场迎接，并在机场举行欢迎仪式。

7月23日，日喀则市委、市政府举行山东省第九、第十批援藏干部人才迎送晚宴。西藏自治区政府副主席、日喀则市委书记张延清，山东省委组织部副部长、省委老干部局局长、省陪送团团长刘国伟，省第九批援藏干部人才领队马金栋，省第十批援藏干部人才领队陈耕分别致辞。

7月31日，山东省美协美发专委会"DO MY HAIR"品牌吕高广董事长率团到日喀则市白朗县中学开展爱心助学活动，捐助现金1万元，学习和体育用品200余套。

8月6日，山东省第三批"组团式"教育援藏人才16名教师奔赴日喀则市开启援藏新使命。

8月6日，西藏自治区召开"组团式"支援工作推进会，山东省第十批援藏干部领队、第十批援藏干部中心管理组组长陈耕参加会议。

8月7日，山东省教育厅副厅长孙晓筠带领发展规划处、教师处等5名同志，陪送山东省"组团式"援藏教师24人顺利抵达日喀则市。山东省第十批援藏干部领队、省第十批援藏干部中心管理组组长陈耕前往机场迎接，日喀则市人民政府副市长赤列朗杰等同志参加有关活动。

8 月 7 日，日喀则市第一高级中学援藏教师和全体教职工开始全力进行抗击新冠肺炎疫情工作。

8 月 8 日，24 名援藏教育人才提前入住教师公寓。

8 月 11 日，召开山东省第十批援藏干部人才疫情防控全体会议，会议以视频形式召开，济南、青岛、淄博、烟台、潍坊工作组组长和日喀则市第一高级中学、齐鲁高级中学负责人分别就疫情防控工作发言。山东省第十批援藏干部领队、第十批援藏干部中心管理组组长陈耕主持会议并讲话。

8 月 17 日，山东省"组团式"援藏教师积极开展学校教学管理、线上教研授课、巡回听课诊断等工作，顺利完成开学筹备任务，做到疫情防控和教育教学两不误。

9 月 18 日，山东省援助的日喀则市齐鲁高级中学和第一高级中学，分别完成高一年级新生线上报到和开学线上教学准备等工作。

10 月 13 日，山东省第十批援藏干部中心管理组党委成立大会暨全体党员大会召开。会议宣读了中共山东省委省直机关工委《关于陈耕等同志职务任免的批复》，安排部署省援藏干部中心管理组党的建设工作。山东省政府副秘书长、第十批援藏干部领队、第十批援藏干部中心管理组组长，日喀则市委副书记、常务副市长陈耕出席会议并讲话。山东省直援藏干部人才和济南、青岛、淄博、烟台、潍坊对口援助日喀则市五县（区）的领队在山东援藏公作主会场参加会议，各县（区）工作组其他党员、日喀则市第一高级中学、齐鲁高级中学教育组的党员在分会场参加会议。

10 月 16 日，全体援藏教师在援藏公寓观看中国共产党第二十次全国代表大会，并录制了"献礼二十大"视频。

10 月 19 日，山东省"组团式"教育人才援藏项目第七期日喀则市教育管理干部和骨干教师培训班开班。

11 月 7 日，"鲁藏一家亲，共圆学子梦 919 捐赠活动"在白朗县举行，活动由济南市侨联与济南工作组通过"现场＋线上"的方式联合开展。此次捐赠由"高永琪善款"提供 10 万元，共资助 100 名学生。

11 月 9 日，山东省"组团式"援藏人才 20 名援藏教师齐聚一堂，举行了复学复课推进会议。

11 月 10 日，淄博工作组为昂仁县实验小学捐赠 600 套课桌椅。

11 月 23 日，济南工作组邀请济南幼儿师范高等专科学校继续教育学院、济南市电化教育馆领导与白朗县教育局共同开展鲁藏教育线上交流会。

11 月 24 日，山东省第十批援藏干部中心管理组举行"学习党的二十大精神"知识竞赛，以赛促学、以学促用，激励全体援藏干部深学细悟笃行党的二十大精神。

11 月 28 日，经青岛工作组牵线搭桥，青岛市综合实践教育中心、青岛第三十九中学市北分校、青岛第六十八中学、青岛西海岸新区实验高中，为桑珠孜区中小学校、部分幼儿园捐赠 2023 年度《中国教育报》120 份，这是青岛市教育系统连续 22 年向桑珠孜区赠报。

2023 年

2 月，南木林县潍坊小学投入使用，潍坊工作组投入 3899 万元建设了教学楼、学生宿舍、教职工宿舍和体育运动场所。

2 月 21 日，在藏历年之际，山东援藏干部中心管理组党委书记陈耕一行，到济南西藏中学看望学校师生。

2 月 21 日，青岛工作组到青岛经济职业学校看望西藏班师生，到青岛市麦岛小学调研"情趣智慧"校园建设情况。

2 月 22 日，青岛工作组启动乡村振兴、高校毕业生、教育、宣传等领域 2022 年度培训类援藏项目的前期筹备工作。

3月3日，潍坊工作组到南木林县第一完小督导高海拔学校供暖项目，召集南木林县教育局项目办全体人员召开教育基建项目研讨会。南木林县"乡村振兴潍坊行"培训班圆满结束。

3月3日，淄博工作组组织"关爱孩子成长，传递幸福温暖"捐助活动，价值15余万元的羽绒服和学习用品等爱心物资运抵昂仁。

3月，山东省援建的日喀则市齐鲁高级中学正式启用。

3月8日，潍坊工作组参加了西藏自治区教育厅2023年教育基本建设项目推进视频会。南木林县教育系统人才赴山东考察学习培训班开班。

3月9日至19日，淄博工作组组织昂仁县中学一行12名师生到山东省开展青少年"手拉手"交流研学活动，与淄博市经开区实验学校和张店区重庆路中学师生同上一堂课，共话民族情。

3月10日，青岛工作组深入边雄乡、曲布雄乡开展骨关节病筛查。青岛市书法家协会"零点计划"——东西部协作城市书法教育共建学校签约仪式在青岛国际新闻中心举行。青岛、陇南、定西、日喀则四市六所学校进行了线上签约，创新建立"送—传—种"东西部共建的新机制。青岛市政协副主席姜巧珍出席签约仪式。

3月11日，青岛工作组实地调研江当乡雄卓村幼儿园、雪琼村幼儿园运维现状，研究改扩建设计实施方案。

3月12日，在第45个全民义务植树节到来之际，山东第十批援藏干部中心管理组、山东援藏教师组团、潍坊援藏工作组与南木林县四大班子、县直部门200多名党员干部齐聚雅江北岸生态示范区艾玛片区，挥锹铲土，培植新苗，热火朝天地开展"民族团结共建林"植树活动。

3月13日，由济南工作组开设的白朗县教育系统电教人员培训班开班。

3月13日，日喀则市第一高级中学在学校礼堂举行了隆重的"八千里路师徒情·青蓝工程"师徒结对仪式。20位当地青年教师与来自山东

263

的 20 位援藏教师师徒结对，共赴"青蓝之约"。

3 月 18 日，"齐鲁高级中学投入使用"等相关报道在山东卫视、西藏卫视等媒体播出。

3 月 19 日上午，日喀则市第一高级中学援藏教师和当地老师举行了"鲁藏一家亲，共植同心林"植树活动，市委组织部副部长刘川同志参加了活动。

3 月 20 日，日喀则市桑珠孜区 2023 年高校毕业生创业暨电子商务培训班开班仪式在莱西市委党校举行。仪式上，莱西市高校毕业生就业创业工作协作联盟正式揭牌。

3 月 20 日，由济南工作组开设的白朗县中小学、幼儿园校（园）长培训班开班。

3 月 22 日，淄博工作组参加日喀则市 2023 年全市教育工作视频会议。

3 月 27 日，青岛情牵日喀则教育基金赴桑珠孜区东嘎情远希望小学，为该校捐赠衣服鞋子、图书文具，捐建学校足球训练场地，总价值 50 万元。

3 月 28 日，青岛工作组参加江当乡举办的庆祝西藏百万农奴解放 64 周年新时代文明实践活动。

为期 7 天的日喀则市桑珠孜区中小学校党务、德育工作培训班在青岛市中学综合实践教育中心举行开班仪式。

3 月 30 日，青海天佑德教育基金会向桑珠孜区乡村幼儿园捐赠爱心善款 60 万元，用于支持桑珠孜区学前教育发展。

4 月 2 日，日喀则市第一高级中学援藏党支部全体成员一行到江孜瞻仰了江孜宗山英雄纪念碑，参观了抗英英雄纪念馆。

4 月 7 日晚，日喀则市第一高级中学援藏党员干部和教师、本地党员干部和教师以及部分优秀学生开展了以"感悟赤诚信仰，汲取奋进力量"为主题的红色电影教育活动。

4月14日，山东援藏教师巩加路、王宝松、王培坤（日喀则市齐鲁高级中学）和朱辉、荣波、战垒、周恒（日喀则市第一高级中学）7名同志被聘任为日喀则市兼职教研员，占全市高中阶段兼职教研员总数的32%。

4月16日，西藏自治区政府拟分两批对"组团式"援藏干部和管理人才进行培训，第一批9名老师到林芝参加培训。

4月17日，由青岛市教育局、青岛工作组、桑珠孜区教育局联合主办的"山海大讲堂"活动正式启动。

4月17日，山东教育组团在西藏自治区教育厅组织的2023年"组团式"援藏教育管理人才培训会上做典型发言。

4月22日，日喀则市公安局举行山东省公安厅"圆梦爱心——雪域清风援藏助学基金"发放仪式。

4月25日，青岛工作组赴桑珠孜区第一中学调研，与区教育局、市青少年科学院筹备组、区第一中学共同筹办"齐振科技翅膀·共圆复兴梦想"科技进校园主题活动。

4月26日，山东省第十批援藏干部领队、日喀则市委副书记、常务副市长陈耕带队，赴日喀则市齐鲁高级中学，与学校篮球社团师生进行篮球友谊赛。

4月28日，山东省第十批援藏干部领队、日喀则市委副书记、常务副市长陈耕看望慰问山东援藏教师。

4月28日，"山海大讲堂"依托西藏教育珠峰旗云平台，进行学前教师线上培训讲座。

5月3日至17日，青岛工作组依托日喀则市青少年科学院，走进纳尔乡希望小学、东嘎乡中心小学、东嘎乡情远希望小学、曲美中心小学，开展"送科技进校园"活动，赠送活动器材模型，指导学生开展科技创新制作，参与学生共600余人。

5月13日至28日，青岛工作组组织开展第三、第四期"山海大讲堂"活动，邀请齐鲁名师刘青、齐鲁名校长周蕴怡分别对桑珠孜区中小学教师、校长开展《求善求真，且行且思》《教育因时而变，教师应势而起》线上讲堂，参与人数约 400 人。

5 月 16 日，潍坊工作组与南木林县委宣传部负责同志到拉布普乡看望慰问家庭困难群众和学生。

5 月 22 日，青岛出版集团、青岛海信集团"山海有情·情暖童心"爱心捐赠仪式在日喀则市青岛小学举行。

5 月 23 日，日喀则市桑珠孜区第一小学举行以"七秩芳华，弦歌不辍"为主题的建校 70 周年文艺汇演庆祝活动。在青岛工作组协调下，青岛市高新区青年企业家协会组织会员为校庆活动捐资近 2 万元，青岛"珠峰少年"奖励教育基金捐资 6 万余元。

5 月 24 日，山东省卫生健康委调研组到南木林县调研，召开医疗援藏对口帮扶座谈会，签订帮扶协议。潍坊工作组与张建华博士、蓝正昇总经理调研南木林县马铃薯种薯繁育、种植、加工等产业，到茶尔乡验收希望小学宿舍楼、风雨操场基础钢筋。

5 月 29 日，"感受齐鲁文化 展现湘巴风采"2023 年南木林县中学生夏令营在潍坊市开班。

5 月 29 日，淄博工作组到昂仁县贡久布小学开展"情暖六一 爱心助学"走访慰问活动。

6 月，日喀则市第一高级中学在第三批"组团式"山东教育援藏工作队带领下高考再续辉煌：上线率 100%，本科率 94.81%，重点本科率 61.57%，位列自治区受援高中第二，日喀则市第一。

6 月 24 日，在青岛工作组积极协调争取下，青岛中青建安集团在集团三十周年庆典活动上，向日喀则市青岛小学捐赠 100 万元。

6 月 26 日，青岛市爱心人士孟宪汉响应青岛工作组发起的"山海情深 洗悦校园"工程，为桑珠孜区一中捐赠 10 台洗衣机。青岛情牵日喀则教育基金向日喀则市青岛小学全体在校生捐赠定制校服。青岛援藏组赴日喀则市农科院，召开青稞高值化中试平台项目建设收尾工作现场协调会。

6月30日，青岛工作组组织开展第五期"山海大讲堂"活动，邀请青岛西海岸新区嘉陵江路小学高级教师、全国十佳班主任、全国最美乡村教师薛月娥，为桑珠孜区中小学校德育校长、德育（政教）主任、班主任开展"享受做教师的幸福"主题讲座。青岛援藏组赴曲美乡，实地督导拉贵村乡村振兴示范点建设项目实施。

7月3日至9日，在青岛工作组推动下，青岛市文化和旅游局二级巡视员王纪生带领青岛市美术馆、文化馆负责人及11位艺术家来到桑珠孜区，开展2023年第一期"青岛文化西藏行"活动。艺术家们先后深入情远希望小学、齐鲁幼儿园、区第一中学开展美术进校园活动；为全国民族团结进步模范社区——"江洛康萨社区"捐赠书法和绘画作品；与日喀则市美术、书法、摄影家协会艺术家们开展交流笔会活动。

7月15日，在青岛工作组支持下，由桑珠孜区商务局主办、桑珠孜区城发投资有限公司承办的为期一个月的"藏品入青"产品展销活动在青岛市市南区水龙池子广场开幕。由日喀则市桑珠孜区教育系统选拔的4名"珠峰少年"，赴青参加青岛市2023年度中小学（幼儿园）劳动教育系列活动及研学交流活动。青岛工作组赴曲美乡，实地督导拉贵村乡村振兴示范点建设项目五方责任主体，对工程进行初步验收。

7月17日，山东省援藏干部中心管理组党委召开第17次党委会会议，集体学习习近平总书记在中共中央政治局第六次集体学习上的重要讲话精神、习近平总书记在江苏考察期间的重要指示精神、习近平总书记在中央全面深化改革委员会第二次会议上的重要讲话精神，传达济南市委书记刘强率济南市党政代表团到白朗县考察调研有关情况，研究安排相关工作。

7月23日，在青岛工作组支持推动和组织指导下，桑珠孜区第三小学、桑珠孜区第一中学在全球发明大会全国总决赛中荣获两个铜奖，这是日喀则市中小学校首次参加全国创新发明类比赛，也是西藏自治区仅有的两支参赛队伍。

7月25日，青岛工作组与援助西藏发展基金会对接，在援助西藏发展基金会专项资金的支持下，2023年日喀则青少年足球夏令营在青岛启动，来自日喀则市桑珠孜区13所学校的23名学生，在青岛市城阳区体育学校开始为期20天的足球夏令营活动。

7月30日，由青岛市教育局、青岛工作组、桑珠孜区教育局联合举办的"山海大讲堂"第六期开讲，邀请青岛市城阳区青岛城阳白沙湾学校校长、齐鲁名校长辛纬国为日喀则市桑珠孜区中小学校校长、幼儿园园长开展了"适润教育——新时代五育并举体系的学校实践"主题讲座。

8月6日至7日，教育部在拉萨市召开教育对口支援西藏工作会议，山东省委教育工委常务副书记、省教育厅党组书记、厅长李明参加会议并发言。

8月7日，山东省委教育工委常务副书记、省教育厅党组书记、厅长李明一行到日喀则市第一高级中学、齐鲁高级中学调研指导工作。

8月6日至10日，济南市委常委、统战部部长、市总工会主席马保岭一行赴白朗县考察调研对口支援工作，看望慰问济南市第十批援藏干部人才并召开座谈会。

8月7日，潍坊翰林轩文化有限公司一行到南木林县开展"书香传万里·爱心系西藏"教育帮扶活动，通过座谈交流详细了解了南木林县教育事业发展需求，探讨帮扶思路和举措。

8月10日，山东省淄博市委书记马晓磊带领淄博市考察团抵达日喀则市教师援藏公寓，看望并慰问山东省淄博市第十批援藏教师。

8月13日至22日，白朗县党政代表团赴山东考察交流，8月14日在济南西藏中学举行"白朗县人民政府——济南市市中区教体局人才培养启动签约仪式"。

8月17日,淄博市桓台县党政代表团到昂仁县考察对口支援工作,分别向学校和医院捐赠课桌椅、医疗耗材等物资。

8月20日,由桑珠孜区委、桑珠孜区人民政府、日喀则市教育局、青岛工作组联合主办的2023年日喀则市桑珠孜区中小学生科技节在桑珠孜区青岛小学成功举办。

8月22日至31日,青岛工作组举办第七期、第八期"山海大讲堂",分别邀请全国优秀教研员、山东省特级教师、齐鲁名师商德远,青岛教育科学研究院研究员刘永洁,为桑珠孜区中小学教师举办讲座。

8月23日,淄博工作组联系淄博市温州商会和淄博顺昌陶瓷有限公司为昂仁县中学捐赠价值8万元的教学设备和相关物资。

8月29日,2023年南木林县教育系统人才赴山东考察学习培训班在潍坊开班,并前往奎文区家长学校、潍坊市实验学校交流学习家校社共育、孔子学堂建设情况。

9月2日至3日,青岛市人大常委会副主任、市总工会主席张建刚带队到桑珠孜区开展对口援助工作。其间,青岛西海岸新区、城阳区、即墨区总工会分别向青岛工作组捐赠10万元,青岛市总工会向桑珠孜区总工会捐赠80万元,青岛出版集团向桑珠孜区捐赠价值20万元的智慧校园共享书亭及近千册图书,向曲美乡拉贵村捐赠图书角及配套期刊读物。

9月3日,青岛出版集团主办的"红读计划"走进日喀则市图书捐赠活动在桑珠孜区青岛小学隆重举行。

9月6日,南木林县2023年教育系统人才赴山东考察学习培训班圆满结束。

9月8日,山东省第十批援藏干部中心管理组党委书记陈耕一行看望慰问山东援藏教师，出席援藏教师座谈会。

9月11日，桑珠孜区2023年高校毕业生创业暨电子商务培训班在青岛开班，20名高校毕业生和就业创业工作人员参加培训。

9月12至16日，西藏自治区教育厅组织全区21所受援学校的"组团式"教育援藏管理人才在拉萨进行第二次专题培训。山东"组团式"教育援藏团队周焕成、朱英杰、毕全亮等10名干部教师参加了此次为期五天的培训。

9月18日，山东省对口支援日喀则学校教育教学管理提升培训班开班。本次培训特别邀请了拉萨市第四高级中学校长，西藏自治区首批名校长洛松旺堆同志，齐鲁名校长刘新利，北京大学教授解琥琥，烟台课改名师鞠晔，北大培文考试研究院执行院长、国家863计划ScienceWord高考大数据分析中心主任、高考大数据分析专家廖祥兵开设讲座。

9月19日，桑珠孜区与青岛市红十字会召开座谈会，青岛市红十字会、青岛市慈明慈善基金会捐赠医疗费10万元，青岛市慈明慈善基金会、青岛市微尘公益基金会分别向桑珠孜区教育事业捐赠5万元。

同日，由齐鲁师范学院承办的第八期日喀则市教育管理干部和骨干教师培训班开班。

9月25日，潍坊金阳公益服务中心向南木林县潍坊小学少年军乐队捐赠器材。

同日，山东援藏干部中心管理组走访看望日喀则市特殊教育学校师生。

9月26日，中组部援藏总领队宋立强一行来到聂拉木县，看望慰问烟台援藏干部人才。

10月11日至20日，烟台工作组组织聂拉木县36名优秀教师和学生，赴曲阜、泰安、青岛和烟台等地开展"感受齐鲁文化"研学活动。

10月13日，由青岛工作组、青岛市教育局、桑珠孜区教育局联合主办的第十期"山海大讲堂"开讲，邀请青岛教育学会家庭教育专委会副秘书长于明东开展"教育故事会——建设阳光心态 提升沟通技能"线上讲座。

10月15至20日，山东"组团式"教育援藏团队先后赴定日、聂拉木、昂仁等地开展送教送培活动。

10月21日，由山东省教育厅、日喀则市教育局主办，齐鲁师范学院承办的2023年山东对口支援教育培训项目日喀则市骨干教师（干部）培训班开班。

10月24日至27日，烟台蓬莱区委宣传部一行赴日喀则市，采访报道日喀则市第一高级中学山东援藏教师毕全亮老师的援藏事迹。

11月5日，日喀则市齐鲁教育集团名师（名校长、名班主任）赴青岛交流学习培训班圆满结束。

11月6日，沂源县教育代表团赴日喀则市第一高级中学开展地理教研活动。

11月7日，2023年度桑珠孜区中小学电教管理人员培训班在青岛圆满结业。

11月9日，日喀则市齐鲁高级中学荣获2023年度日喀则市教育系统"民族团结进步模范学校""绿色学校"称号。

11月13日，安丘市实验小学与西藏茶尔乡希望小学开展以"领航帮扶送温暖 示范引领促成长"为主题的线上教研活动。

11月16日，日喀则市第一高级中学党员教师及入党积极分子为卡热社区透析患者捐款，援藏校长李豫威同志带领援藏党员和入党积极分子积极参加捐助活动。

11月21日，潍坊工作组在南木林县茶尔乡希望小学举行潍坊援藏2023年基建项目集中交付仪式。

11月30日，山东大学与西藏自治区在拉萨签署战略合作协议，并共建山东大学西藏研究院。

12月17日，日喀则市2023年"孔子学堂"集中授牌仪式在日喀则市齐鲁高级中学隆重举行。市委副书记、市政府常务副市长陈耕，市委常委、宣传部部长格桑卓玛出席活动。

12月26日，潍坊工作组协调国网潍坊供电公司到南木林县开展2023年"善小·圆梦"结对助学活动，向50名贫困学生定向捐赠助学金12万元，副领队王磊到多角乡调研调解两村草场纠纷。

12月29日，淄博援藏工作组和援藏教师到淄博实验中学看望西藏学生，并为他们送去新年祝福。

2024 年

1月12日，在藏历日喀则新年之际，山东省第十批援藏干部人才领队，日喀则市委副书记、常务副市长陈耕一行，到济南西藏中学看望日喀则籍师生并召开座谈会。

1月19日，潍坊工作组与潍坊翰林轩文化有限公司有关负责同志到潍坊第一中学看望慰问西藏学生，召开西藏学生健康成长座谈会；工作组到潍坊翰林轩文化有限公司调研企业融入"1+1+1+X"教育结对帮扶机制，开展公益帮扶活动情况，交流帮扶思路举措。

1月，山东省第十批援藏干部人才，援日喀则市第一高级中学教师毕全亮，在中央宣传部、中央文明办的门户网站——中国文明网中国好人榜上榜。

2月25日至3月5日，在山东援藏干部中心管理组和山东省妇女联合会的大力支持下，日喀则市妇联组织18县(区)部分致富带头人、女企业家、未就业女大学生、"美丽家园　幸福人家"示范户代表等共计30人，赴山东济南、潍坊、日照、青岛等地，开展2024年"藏汉一家亲"——乡村振兴巾帼追梦人赋能行动交流项目。

3月2日，山东援藏干部中心管理组召开2023年工作总结表彰暨2024年工作动员大会，传达山东省领导同志关于援藏工作的重要指示批示精神，通报表扬2023年度援藏工作先进集体和先进个人，总结2023年工作，安排部署2024年工作。陈耕同志出席会议并讲话。

3月4日至6日，山东省第十批援藏干部中心管理组领队陈耕，随西藏自治区政府副主席郎福宽等一行，到山东协调对接西藏班扩招、山东大学西藏研究院建设等事宜。

3月10日，山东省援日喀则市第一高级中学教师代表团到访日喀则第二福利院进行一天的交流慰问活动。

3月11日，日喀则市齐鲁高级中学与山东省济南第十一中学组织开展德育工作线上联合研讨交流活动。

3月，记者从西藏自治区日喀则市发展改革委获悉，日喀则职业技术学院项目已于3月18日开工建设，标志着该市2024年项目建设已正式启动，山东省鼎力支援。

3月13日，山东省第十批援藏干部中心管理组带领各援藏团队齐聚雅江北岸的南木林生态示范区，参加义务植树活动。

3月13日，山东省第十批援藏干部中心管理组、日喀则市交通运输局、日喀则市教育局、日喀则市齐鲁高中和第五高级中学的相关协调员在日喀则市国友公交公司召开了解决第五高级中学、齐鲁高中师生出行问题专项研讨会。3月18日，经开区新线路正式开通运营。

3月23日，日喀则市第一高级中学隆重举行"八千里路师徒结对"表彰活动和新一期师徒结对启动仪式。

3月28日，潍坊工作组到茶尔乡参加纪念西藏民主改革65周年系列活动，组织潍坊"组团式"援藏医疗队、南木林县世纪经典理发店开展义诊和爱心理发活动，茶尔乡党委、政府、乡希望小学向工作组敬献锦旗，感谢潍坊援藏为茶尔乡希望小学新建风雨操场、塑胶运动场、学生宿舍及设施。

4月12至15日，山东省支援日喀则市第一高级中学"组团式"教育人才工作队到岗巴县中学、萨迦县中学等4所学校与思政教育基地开展"送教送培"和主题教育活动。

5月15日，潍坊市实验小学迎来了一个特殊的时刻，西藏南木林县潍坊小学的强巴校长、多吉次仁校长跨越千山万水，带着对教育的热忱与探索，莅临学校进行跟岗学习交流活动。

5月31日，潍坊工作组召开南木林县教育系统人才赴山东学习培训总结会议，系统总结集中培训、跟岗锻炼成果，组织学员交流所学所获、所得所悟，对比结对学校找差距，制定措施补短板，切实提升培训综合成效，助力受援地教育强县建设。

6月6日，由青岛市教育局、青岛市第十批援藏干部人才组、桑珠孜区教育局联合举办的"山海大讲堂"第十八期开讲，邀请齐鲁名师、齐鲁名校长，青岛李沧区汇川路幼儿园、九水东路幼儿园园长张林林开展了《幼儿园园本教研活动的组织与实施》的讲座，桑珠孜区幼儿园200余名教师参与。

6月17日，在青岛工作组积极申报下，在国家体育总局航空无线电模型运动管理中心组织的全国青少年模型活动基层组织单位评选中，桑珠孜区教育局获评全国青少年航海、车辆两项教育部"白名单"赛事基层组织单位。这是西藏自治区唯一的全国青少年科技教育赛事基层组织单位，将为日喀则市中小学生打开直接通往全国赛事的通道。

6月19日，在青岛工作组支持协调下，桑珠孜区第一中学首次举行"慈明·微尘奖助学金"发放仪式，向100名优秀学生发放了来自青岛爱心人士的奖助学金。

6月27日，山东对口支援的日喀则市第一高级中学在2024年高考中取得历史性突破，重点本科率、本科率等均创历史新高。其中重点本科率首次超 70％，达 71.92％；本科率首次超 95％，达 95.04％。

7月7日至11日，山东援藏干部中心管理组和日喀则市教育局主办的日喀则市首届"鲁藏同心杯"足球邀请赛在日喀则市齐鲁高级中学举办。来自山东对口援助5县（区）的3所高级中学（包括山东援建和援助高中）和每县（区）1所初级中学，共8个学校代表队参加此次比赛。经过激烈的争夺，初中组南木林二中足球队获得冠军，高中组齐鲁高中足球队获得冠军。

致　谢

　　在《雪域高原上的山东教育之光》编写过程中，我们得到了许多的支持与帮助。

　　首先感谢历年来在雪域高原上默默耕耘的山东教育工作者们，你们用青春和热血支持高原教育事业的发展，用爱心和学识点亮高原孩子们的梦想。你们的事迹和精神是本书编写的源泉和动力。没有你们的辛勤付出，就不会有这束教育之光。

　　更要感谢为编写本书提供各方面内容的同志，你们毫无保留地拿出手中的材料，分享自己的经历和感受，尤其是赵维东、刁学庸等主编的《珠穆朗玛作证——山东教育援藏 30 年（1976—2006）》一书，提供了宝贵的历史素材，从而使本书的内容更加生动、深刻和丰富。

　　特别感谢鲁藏两地教育部门和有关学校，为我们提供了必要的数据和资料支持，使本书能够更为准确和全面地反映出山东教育援藏整体情况。

　　最后，感谢所有为雪域高原教育事业贡献力量的人们，是你们共同铸就了这道美丽的教育风景线。希望本书能够起到传播故事和精神的作用，激励更多的人关注和投身教育事业和教育援藏事业中来，让雪域高原每个角落的教育之光更加光芒四射！

本书编写组

2024 年 8 月